# まない孤独

幸星
Koki Ozora

# はじめに

「望まない孤独」この言葉は極めて説明的だ。

「甘い砂糖」とか「しょっぱい塩」と同じで、孤独の定義を知っている者にとっては違和感のある言葉だろう。「孤独」という言葉の定義を自ら試みる者は多くいる。心理学者、社会学者、メディアやマスコミなどさまざまだ。自ら定義を試みる者の中には、「孤独を愛せ」や「孤独が人を強くする」といった非科学的な精神論を説く者もいる。しかし、孤独は愛するものでも、人を強くするものでもない。孤独は社会的なつながりが不足している状態であり、そこから生起される孤独感は、誰かとのつながりを求めている、身体のサインだ。愛することで乗り越えられるものでも、人を強くするものでもない。

そもそも慢性的に孤独を感じている状態に陥っている人は、何かしらの苦しみを抱えている。孤独の定義について広く用いられているPerlman, Peplau（1981）は、孤独を

「不快な経験」としている。[※1]孤独とはすなわち、本人の意思に関係なく、社会的つながりの質と量が不足している時に生じる、不快な経験なのだ。平たく言えば、頼りたいと思っていても頼れない、話したいと思っていても話せない、「望まない」ものと言える。しかし、前述したように、さまざまな孤独の定義を試みる者がいる中で、孤独について自らひとりで耐えるものだとの「誤解」が広がらないよう、あえて「望まない孤独」という言葉をつくった。

繰り返しになるが、自らが望んでいるのではなく、社会的なつながりが不足しているために生じるものが孤独だ。孤独と似た言葉に「孤立」があるが、これらはまったく別の概念だ。孤立の定義として最も広く用いられているTownsend[※2]（1968）の定義によれば、孤立は「家族やコミュニティとはほとんど接触がない」状態だ。当然、孤立していれば孤独を感じる可能性も高まるだろう。しかし、家族やコミュニティとの接触が頻繁にある状態でも、孤独を感じることはある。家族や友人、同僚がいても、自らの悩みについて打ち明けられなければ孤独を感じる。それは社会的つながりの量が充足していたとしても、質が不足しているからだ。

本書では、孤独を社会全体で捉えるべき問題として、具体的な対策を提示している。担当大臣の設置など、一部実現したものもあり、着実に対策が進んでいる。しかし近年、孤独が背景にあると思われる事件や、深刻な自殺者数などの報道も相次いでいる。孤独は日本社会が抱える喫緊の課題であり、さらなる対策の加速化が必要だ。私は現在、大学に通いながら、「望まない孤独をなくす」をミッションに掲げ、NPO法人あなたのいばしょを立ち上げ、24時間365日、年齢や性別を問わず誰でも無料・匿名で利用できる相談窓口「あなたのいばしょチャット相談」を運営している。望まない孤独を抱える人が、確実に頼れる人にアクセスできる仕組みだ。私自身も孤独で苦しんだ経験から、自己責任の名のもと、ひとりで孤独に耐えることの限界についても論じている。

本書の中には、私自身の原体験も含めて、相談窓口に寄せられる望まない孤独で苦しむ当事者の声を紹介している。気分が落ち込んだり、心臓がバクバクするといったことがあれば、本書を閉じて、場合によっては迷わず相談窓口を利用してほしい。

※脚注の数字は巻末の参考文献の番号です。

## ①「あなたのいばしょチャット相談」

**運営：NPO法人あなたのいばしょ**

24時間365日、年齢や性別を問わず、誰でも無料・匿名で利用できる相談窓口。「まずはお話してみませんか。」

## ②「あなたはひとりじゃない」

**運営：内閣官房　孤独・孤立対策担当室**

いくつかのご質問に答えていただくことにより、約150の支援制度や窓口の中から、あなたの状況に合った支援をチャットボットで探すことができます。

## ③「まもろうよ こころ」

**運営：厚生労働省**

ひとりで悩んでいませんか？ 電話やSNSで悩みを相談できる窓口や、厚生労働省の自殺対策の取り組みについて紹介しています。

# 目次

# 第1章
# あなたのいばしょ設立までの経緯
## ～著者自身の原体験～

## あなたのいばしょ設立までの原体験

私が代表を務めるNPO法人あなたのいばしょでは、24時間365日、年齢や性別を問わず、誰でも無料・匿名で利用できる相談窓口「あなたのいばしょチャット相談」を運営している。誰かに頼りたくても頼れない、話したくてもその相手がいないという「望まない孤独」によって苦しんでいる人が、「信頼できる人」にいつでも確実・簡単にアクセスできる窓口だ。

この窓口を開設したきっかけは、私自身の原体験にある。

私は愛媛県に生まれた。裕福でも貧しくもない、ごく一般的な中流家庭で、特筆すべき出来事もなく、「普通」に育てられた。しかし、私が小学校に入学した頃から、両親には喧嘩が絶えなくなり、母親が家を空ける日も多くなった。父親は厳格な人で、母親は持病を抱えて精神的に不安定になることの多い人だった。二人の衝突は大抵夜中で、私が寝たあとだった。しかし、外にも聞こえるほどの大きな声で怒鳴り合い、物が飛び交う音の中で眠れるはずもない。いつも、枕を耳に強く押し付け、小さな声で自分の好きな歌を歌うことで、なるべく親同士の罵声と、互いに暴力を振るう音が聞こえないようにしていた。寝不足のまま、小学校へ通った日もある。私にとって最初の、「試練の時」だった。

両親が正式に離婚したのは、小学校5年生のとき。離婚する数週間前、ひとりで家に帰ると、棚の間に緑色の離婚届を見つけた。この一枚の紙が何を意味するのかは、幼いながらもわかっていた。思わずその空白の離婚届を持って自分の部屋に駆け上がり、紙の端を小さく破ったり、コップに汲んだ水を数滴垂らしたりしたことを覚えている。いま思えば、自分の行動の稚拙さにおかしくなるが、小学校5年生が、近く訪れるかもしれない家庭の崩壊を防ぐためにできることは、それぐらいしかなかったのだ。

母親が出て行った日は、いまでもハッキリ覚えている。朝起きると、それまで家を空けがちだった母親が自分の朝ごはんを用意していた。久しぶりに「家族」を感じたのと同時に、この空気を味わうことは二度とないことも何となくわかっていた。母親は、せめて最後に母親らしいことをしてやろうと思ったのだろう。「今日出て行くから」とだけ声をかけられて、私は学校に向かった。

その時点で、私は父親にも母親にも特別な感情を抱かなくなっていた。数年間、親同士の関係性の中に憎しみが蓄積していくのを目の当たりにしているうちに、どちらかが好きということもなく、文字どおり何の感情も抱かなくなったのだ。ただ、「家族」というこれまで自分を守ってきた得体の知れない何かが崩壊するという漠然とした恐怖を強く感じていた。だからこそ、離婚届を破損するような行動に出たのだろう。私には、父親と過ごすか、母親と過ごすかという選択肢は示されなかった。父親と母親のどちらかを選ぶというのは、幼い子どもが選択権を与えられる問題としては、あまりにも難しく、また答えのないものだ。答えを導き出すプロセスそのものが苦しい、そんな難問だ。

ただ、私の場合は母親が家を出て行き、私は父親と過ごすということが既定路線だった。そのことについて何かを感じることはなかったが、母親から「今日出て行くから」という言葉をかけられた瞬間、思わず「一緒に行きたい」と思ったことを覚えている。しかし何も言えないまま、学校に向かったのだ。「一緒に行きたい」と思ったのは、母親への愛情でも、父親と一緒に過ごしたくないという感情からでもない。ただ、自分を産んだ唯一の母親と二度と会えなくなるという事実に対する本能的な反応だったと思う。

田舎町なので、県外に出ていく手段など限られている。母親が町を出る時間もわかっていた。ちょうどその時間は家庭科の調理実習の最中で、体調が悪いわけでもないのに先生に体調不良を訴え、保健室に行った。学校を抜け出して駅に行きたいというより、母親が家を出た瞬間に家庭が崩壊するということがわかりきっているなかで、黙ってスクランブルエッグを作るわけにはいかなかったのだ。

もちろん熱があるわけでもないし、「母親が今日家を出てしまい、家庭が崩壊するので帰らせてください」と正直に言えるわけもなく、1時間保健室で休んで授業に戻った。その日から、私にとって2回目の「試練の時」が始まった。

## 両親の離婚がきっかけで始まった父親との確執

父親と母親は25歳近く年齢が離れており、父親はほとんど家事などしない人だった。母親が家を空けがちになった頃から、仕事帰りに惣菜をスーパーなどで買ってきて、私はそれを食べていた。父親は定年間近でやっと温かい家庭を築けたと思っていただろうから、母親が家を出て行ったことへのショックは私よりも大きかったかもしれない。仕事も忙しく、それなりに責任のある立場だった。ただ、ストレスを家庭内で発散することはなく、私にとっては良き父親だった。父親が撮った私の幼い頃の写真も多かった。

しかし、そんな父親も、母親が出て行った頃から少しずつ変わり始めた。20年以上禁煙していたタバコを吸い始め、厳格で車も安全運転だった父親が、私を後ろに乗せたまま事故を起こしたこともあった。明らかに変わり始めた父親とは次第に日常の会話が少なくなり、家庭内での些細な出来事で衝突するようになっていった。小さなことで私に当たるようになったし、私も父親が母親を追い出し、家庭を崩壊させた犯人だと思うようになっていった。最初は言葉の応酬だったのが、次第に暴力に変わっていった。小学生が大人に力でかなうわけもなく、肉体的にも精神的にも追い詰められていった。父親がいないときでも、突然息ができないほど胸が痛み、「このまま死ぬかもしれない」と思う瞬間に襲われることもあった。

家にはもはや自分の居場所がなかったため、学校には行くようにしていた。しかし、学校の先生や友人に家庭で起きていることを話すことなどできず、学校では気丈に振る舞うようにしていた。小学校の教師や友人は、いまでも私と父親との間に何があったのか知らないだろう。とにかく学校に行き、「普通」に振る舞うことで、何とか居場所を確保しようとしていたのだ。

だが、そんな生活も長くは続かなかった。いつ父親から暴言を吐かれ暴力を振るわれるかという恐怖と、同じ家にいながら会話もなければ目を合わせることもないという「自分の居場所がない」ことへの苦痛しかない日常の中で、夜も眠れないようになり、昼夜が逆転した生活になっていった。唯一の居場所だった学校へも通うことができなくなる。父親は私が学校へ行けず、部屋にいることに対してとにかく執拗に責め続けた。父が言うことは正しい。「学校に行かなきゃいけない、でも行けない」という現実が、たまらなく苦しかった。

私が通っていた小学校は集団登下校を行なっており、私の班の集合場所は私の家のすぐ近所で、ちょうど私の部屋から、近所の同級生たちが集まって学校に行く様子が見えた。私は毎朝、カーテンの隙間からその様子を覗き見ていた。あのときの感情を言語化するのは難しいのだが、しいて言えば、友人たちと一緒に学校に行けない申し訳なさと、そんな自分に対する強烈な自己嫌悪がない交ぜになった感情だ。友人たちが学校に行ったのを確認すると、少し眠ることができた。そして、父親が仕事から帰宅する直前に起き、父親が寝静まってから部屋を出て、リビングに行き、冷蔵庫の中のものを食べる。少しでも父親を刺激しないようにと身につけた、自分なりの生存術だった。

父親と直接コミュニケーションを取らないようにしても、夜中はまた別の「自分との闘い」が始まる。とにかく、「本来は学校に行かなければいけない」という自分なりのあるべき論と、昼夜が逆転した生活をしている現状とのギャップが苦しかった。また、父親からかけられたさまざまな暴言により自己肯定感は奪われ、「なぜ自分は生まれてきたのか」「生きていても意味がない」と自然に思うようになっていった。そして当時、そうした感情を吐き出す相手も周りにおらず、時間がたつにつれて、自分の心はすり減っていった。

また、この頃には「お腹がすく」という感覚が消えていた。数日間、何も食べていなくても、空腹を感じないのだ。何かを口にしても味を感じない。うつ症状などが深刻化すると、摂食中枢が鈍くなり食欲がなくなったり、味覚障害が起きることもある。私はまさに精神的に困憊していたのだ。

夜中、ひとりでソファーに座ると、目の前には庭が見えた。私の家は高台に立っており、庭のフェンスを越えるとすぐ下は崖だ。即死できる高さだった。食欲もなくなり、風呂に入る気力もついえて、見た目は相当やつれていたはずだ。もちろん力も出ないし、何もしていなくても涙が止まらなかった。生きる気力を完全に失った。何度も、フェンスを越えようと思った。最初は庭に出てみたものの頭が真っ白になり実行できなかった。2回目はフェンスをよじ登った。しかし、下を見て高さに震えて、フェンスを越えることはできなかった。また父が何度も私に言っていた「死ぬことだけは許さないからな」という言葉も頭をよぎった。死んで後悔させてやろうとも思ったが、私が死んだところで後悔するような父ではなかった。いずれにせよ「死ぬ勇気もない」。そんな自分がたまらなく情けなくて、恥ずかしかった。

結局、死ぬこともできなかった。以来、私の体調は悪化の一途をたどる。息ができないほど胸が痛む頻度が増し、痛みと息ができないというパニックで我慢できずに部屋を飛び出して、父親に救急車を呼んでほしいと懇願した。父親は救急車を呼ぶことはしなかったが、次の日、私を病院に連れていってくれた。久しぶりに見た私の姿があまりにもやつれ、パニックになって泣き叫ぶのを見て、さすがに可哀想だと思ったのだろう。

病院に行くと、私は家に帰ることを許されず、即入院となった。その頃には、学校に通えぬまま小学校を卒業し、中学校に入学していた。近隣に小学校と中学校は一つずつしかないため、中学校に進学しても同級生は小学校の頃と同じメンバーだ。私が入院したと聞いて、友人たちが見舞いにこようとしてくれていたらしい。しかし、結局は誰もこなかった。あとで聞いたところ、学校の先生は私を気遣い同級生に私の見舞いに行かぬよう指示していた。いまではその気遣いを理解できるが、当時の私としては誰も見舞いにもきてくれず連絡もない状況で、唯一の心の拠りどころと感じていた友人たちまで失ったように感じていた。

もはやどこにも自分の生きる場所はない、なぜ生きているのかと苦しみ、もがき続けていた。

## 環境を変えて待っていたのは母親からのネグレクト

そんなとき、家を出た母親から突然連絡があった。誰が伝えたかはわからないが、私が入院したことを聞きつけたようだ。母は私に、東京で暮らしていること、別の人と再婚して家庭があることを告げた。そして、心苦しく思ったのか、自分と暮らすように言った。私は母親に対しても、自分を捨てて家を出たことへの強烈な嫌悪感を抱いており、そんな母親と暮らすことだけは避けたかった。しかし、退院して父親と暮らしても、これまでと何も変わらない同じ苦しみを味わうことは火を見るよりも明らかだった。どちらを選ぶか究極の選択だったが、目の前の苦しみから逃れたい一心で、私は母親のもとへ行くことを決めた。

私が東京へ向かったのは中学校1年生の夏休み。2学期が始まる直前だった。空港に迎えにきたのは、母親ひとり。母親に連れられて、これから住むことになる家に着くと、そこで初めて母親の再婚相手と対面した。母親の再婚相手は、少し気まずそうにしながら、また、戸惑いながらも私を受け入れようと必死に努力をしてくれていたようだ。少なくとも私にはそう感じられた。

しかし、一度自分を捨てて家を出た母親と見知らぬ相手との突然の生活はそう簡単ではなかった。新学期が始まってからも、二人は多忙でほとんど家にいなかった。夜、私が寝たあとに家に帰ってきたり、1か月近くまったく家に帰らないときもあった。それでも、父親と過ごしていた頃に比べると状況は随分と改善した。まず、学校に通えるようになった。家に誰もおらず、周りに知り合いも誰もいないため、学校に行かざるを得ないという背景があったからかもしれない。それでも、自分で自分の居場所を作ろうと、毎日学校に通った。

2学期から転校してきた自分を、新しい中学校の同級生たちはすぐに受け入れてくれた。仲の良い友人もすぐできたし、うまく溶け込めていたと思う。ただ私が引っ越してきた理由や、ずっとひとりで苦しんでいることなどは周りや先生に伝えることはできなかった。むしろ、それを知られてしまうと、せっかくできた友人たちを失ってしまうのではないかという恐怖に駆られ、隠さなければいけないと思うようになった。

その頃から、自分の感情や表情を隠すため、私は常にマスクを着けていた。絶対に自分の感情や悩みを外に出さず、「普通」を演じようとするクセは直らなかった。ただ、マスクを着け、本来の自分を隠しながらでも、友人関係は保てていたし、何ら問題は起きなかった。

家に帰ると常にひとりだったが、たいていの場合はリビングの机の上に1000円札が置いてあり、それを持って近くの定食屋に毎日通い、食事をしていた。母親と再婚相手が夜に帰ってきて、私の登校後に食事代としてお金を置いていた。長期間まったく帰らないときは、その金額が大きくなり、１万円札のこともあった。机の上に置かれたお札の金額で、どれぐらい二人が家に帰ってこないのかを把握することができた。

毎日通っていた定食屋は家のすぐ近くにあり、おばさんがひとりで料理を作っている小さな店だ。家庭的な料理と雰囲気が人気で、地元の人からも評判の店だった。仕事帰りの会社員がひとりで食べていることはあっても、子どもひとりというのは私だけだった。

食堂のおばさんに後年そのときの話を聞くと、毎日お金を握りしめて店にやってくる私のことを大学生だと思い込んでいたらしい。おばさんは「周りには内緒ね」と、毎回デザートや一品をつけてくれた。「これ持って帰りなさい」と、おかずをくれることもあった。

久しぶりに受けた他人からの優しさに、私の心は少しずつ回復していったのだと思う。この定食屋とおばさんの優しさがなければ、学校から帰った私はひとりで食事をとり、きっと孤独に苛まれて、父親と暮らしていたときのような苦しみを感じることになっていたはずだ。

こうして、愛媛の田舎から、大都会の東京暮らしになり、環境は大きく変わった。家では相変わらず孤独だったが、学校には通えるようになったし、間違いなく人間的な生活に近づいていた。ただ勉強がとにかく不得手だったため、その点では苦労した。小学校や中学校の頃というのは、数日間学校を休むだけでも勉強についていけなくなる。私の場合、かなり長期間学校に通っていなかったため、中学での勉強には全然ついていけなかった。試験の順位は、常に学年で下から数えたほうが早かった。中学校の同級生や先生が、私が慶應義塾大学に通っていると聞いたら、心底驚くだろう。

ひとりでいるときに気を紛らわせるため常に聞いていたのが洋楽か尾崎豊だったため、英語は比較的好きで得意だった。尾崎豊の世界にも共感していた。高校へ進学する際には、英語がしっかり学べるところに進もうと考え、自分の学力で受けられる学校を調べて受験した。

その頃には、マスクを常に着けて学校で「普通」に過ごし、家に帰ってひとりで定食屋に通うことが日常化していたため、ひとりで暮らす術が自然と身についていた。母親たちが帰ってこないことも、むしろそのほうが楽とすら感じるようになっていた。母親たちと家で食卓を囲んだ記憶は一度もないが、そうしたいとも思わなくなったのだ。受験のとき、母親たちはどこを受験したということすら知らなかったと思うが、私もあえて伝えるようなことはしなかった。

## 孤独から脱出させてくれた高校時代の恩師との出会い

結果、合格したのは、当時の私の学力では受かる見込みがないため、記念受験のつもりで受けた学校だった。進学校ではないのだが、在学中の生徒全員に留学のチャンスを与える独自のカリキュラムを持つ学校で、留学することなど別世界での出来事だと思っていた私にとって、密かに憧れていた学校だった。まったく勉強のできなかった私の学力でも確実に合格しそうな学校には受からなかったので、幸運なことに憧れていた高校に通うことになった。

高校でも、学校には通える状態は継続していた。家庭では周りに誰もいないままだったが、中学校のときと同じくそれをあえてそれを伝えることもしなかった。ただ、中学時代と異なったのは、高校の担任だったA先生が、私が意図せずして発していたサインを見逃さず、私が置かれていた状況にいち早く気づいてくれたという点だ。

生徒全員が留学する学校だが、留学先は学校側が決める。その留学先を伝えるときに、学校と生徒、そして保護者の三者面談が行われる。自分の子どもが1年間過ごすことになる場所を伝えられるわけだから、当然保護者も出席する。しかし、私の母親と再婚相手はその場にこなかったのだ。

学校側は相当慌てただろう。この出来事をきっかけに、A先生は、私の「異変」に気づいてくれたようだ。さらに、留学費用をどう工面するかという問題もあった。母親とその再婚相手は決して裕福というわけではなく、1年間の留学費用を捻出するのは無理だった。

留学前には、留学できるだけの資金力があるかを確認する「残高証明書」を提出する必要があるのだが、基準を満たす貯金がなかったのだ。何とも無計画な人生だとお思いだろうが、この学校に行くと決めたときの中学3年生の私には、「残高証明書」にまで考えが及ばなかった。結果的に、留学直前に私の父方の祖母が亡くなり、祖母が私にお金を残してくれていたことで、留学費用に充てることができた。また残高証明書については、A先生が教師と生徒という立場を超えて、助けてくれた。運と偶然、そして周りの人の優しさによって何とか留学という「別世界」の出来事を「現実」のものとすることができた。

留学先はニュージーランド。人口1000人ちょっとの小さな村だった。ホストファミリーは、父親と母親、小学生の長男と長女がいる、ごく「普通」の家庭だった。ホストファミリーを決めたのも学校で、A先生からは「お前は『普通』の家庭の幸せを感じなさい」と言われた。先生の言葉どおり、留学先では家庭の幸せを満喫することになる。

朝起きたら、誰かがいて朝ごはんがある。「いってきます」と声をかける相手がいる。家に帰ると「おかえり」と言って自分を待っていてくれる人がいて、夜ごはんはみんなで会話をしながら食べる。テレビを見ながら家族みんなで笑い、週末は家族で少し遠出をする。そんな久しぶりの「家庭」での生活が、私にとっては、言葉では言い表せないほど幸せだった。

自分が必要とされていると感じたし、「自分は生きていていいのだ」と気づかせてくれた。自分の感情や表情を隠すため、中学時代からずっと着けていたマスクを外した。母親が家を出た小学校5年生からの数年間、失っていた、人間としてのあらゆる感情を取り戻し、長年の「孤独」から解放された瞬間だった。

留学していた同級生の多くは家族が恋しくなる「ホームシック」になったようだが、シックになる「ホーム」がなかった私は逆に、日本での元の生活に戻りたくないという気持ちでいっぱいだった。私はこれを「逆ホームシック」と呼んでいた。

帰国の日が近づくにつれて、「逆ホームシック」は進行し、日本の高校を退学して、ニュージーランドで働きながらでも住み続けたいと本気で思うようになった。もちろんそんな非現実的な夢が叶うわけもなく、高校3年生になる直前に帰国した。元の苦しい生活に戻ることを覚悟しての帰国だった。

だが、現実は違った。待ち受けていたのは、「元の苦しい生活」とは比べものにないほどの「過酷な生活」だった。

まず母親は持病を理由に仕事を失っていた。また、再婚相手とも離婚していたため、収入がなくなっていた。これまで住んでいた家の退去期限が迫るなか、母と二人、日々喧嘩が絶えなかった。

母親が些細なことで激昂する際に何度となく言っていた「産んでやったことに感謝しろ」という言葉に、これまで命を絶ちたいほど苦しい思いを強いられてきた私はどうしても我慢できずに反論する。「母親が出て行ったから家庭が崩壊し、私の苦しみが始まった」「ずっとひとりで耐えてきた」というこれまでの感情がマグマのように溢れ出た。精神的にも不安定な母親は、包丁を持って暴れ、「お前を刺して自分も死ぬ」と言い放ったりもした。

私はそんな母親に「頼むから死んでくれ」という言葉を投げつけた。もう、何もかもが限界だった。

そんな日々がずっと続いたが、私は高校に通い続けた。家庭のことで苦しむような「弱い自分」に見られまいと必死で気丈に振る舞った。もちろん人それぞれ悩みはあるだろうが、とにかく「普通」を演じるようにしていたのだ。しかし、そのギャップを私は「偽善」だと捉えるようになる。本当はどうしようもなく苦しく、誰かに助けてほしいのに、周りには気丈に振る舞っているすべてが偽善だと感じられた。そしてその偽善に耐えられなくなり、小学生のとき以来の、「死にたい」という気持ちに苛まれるようになる。リストカットをしたこともあった。自分の心がどんどん壊れていく感覚が身に染みてわかった。

ただ、それと同時に、孤独であることに慣れていた私は、学校には行かず、家を出て、どこかに逃げようと考える余力があった。「でも、このままいなくなれば迷惑がかかる」と思った私は、学年が変わってもずっと私の担任だったA先生に以下の長文のメールを送る。

## 【メール（一部抜粋）】

この数日間、死のうと思っていました。これまでのさまざまなことと、自分の中での表現できない気持ちに揺れています。学校に行っている自分も家族のことで気丈に振舞っている自分もすべて偽善かもしれません。自分が何なのかもよくわからないし、何のために生きているのかもわかりません。学校に行かなくてはならないとわかっているし、やるべきことをこなそうと努力もしています。だけどそれが全部偽善のような気がします。でも本当の自分はよくわかりません。身の回りで起こるすべての出来事に意味を見いだせません。友達といるのは楽しいし、授業を受けるのも楽しい。だけどその気持ちも本当かわかりません。

母と何か会話を交わすと、喧嘩が起こります。母や父に対して、自分の幸せな環境を壊したと今でも思っています。そんなことを思ってはいけないし、その気持ちを表してもいけないのだろうと思いますが、気持ちを変えることはできません。母は自分のことを愛してないし、軽視していると思ってます。そんなことはないと理解している自分もいるような気がしますが、よくわかりません。父と今日電話しました。もう怒りはありません。ただ5年前の父に対して、強烈な恨みと殺意を持っていた自分に対して、後悔することもできません。いまだに父を心のどこかでは恨んでいるような気がして、苦しいです。なるべくみんなの前では、気丈に振る舞おうと心がけています。弱い自分を見られたくないし、かわいそうな人と思われたくない。ふつうの高校生であろうとしてきたと思います。だけど、そういう自分に嫌気がさすし、限界です。自分ではない自分を演じることは大変だし、その演じている自分も自分の一部であるような気がして、意味がわかりません。とてつもなく胸が苦しくなって、死んだらましだなと思ってました。

5年前もまさに同じ思いでいっぱいだった気がします。

離婚して急にいなくなり、すぐに別の誰かと再婚した母と一緒に暮らすのは無理だと思っていました。そんなときに、父との関係も最悪になり、毎日毎日喧嘩して、殺す殺さないを言い合う地獄でした。精神が乱れて、食欲が減って昼夜が逆転して学校にも行けなくなり、それで父は責めてくる。でもどうすることもできなくて、死のうとしました。だけど父は、「死ぬのだけは許さない」と言って、私は母のところにも逃げれない、学校にも逃げれない、死ぬこともできない。最悪な環境の中にありました。入院していたとき、自分自身と向き合う時間がたくさんありました。そうすると自然と楽になった気がしました。自分で状況を改善させ、父のもとから逃げ出し新しい環境を無理やり作りだしました。当時の自分にはそれが最善の道で、そうすることで状況が好転したと思います。それからは、逃げ出したいことや辛いことがあっても、乗り切ることができました。留学先では、自分を見つめる時間がたくさんあって、気分が落ち込むことが少なかったと思います。帰ってきて、また母との関係が微妙になってきて、本当の親子なのかどうかもよくわからなくなって、だけど母親はこの人しかいないと信じ込もうと努力して、その結果だんだんと、おかしくなってきた気がします。もちろんそのことだけではなくて、学校のこともありますが、自分を追い込みすぎて、もう限界かもしれないです。口で説明することは本当に難しくて、自分でも自分の気持ちがよくわかっていないんですが。でも今のままでは学校に行けません。学校をやめるべきだと思っている自分もいるし、怖いからやめたくない自分もいるんだと思います。

少し、自分と向き合う時間がほしいです。学校をやめるかやめないかは、そのあと自然と自分の中で結論として出されると思います。本当に心がよくわかりません。ただ、これまで自分が偽ってきた気持ちにちゃんと向き合う時間がほしいです。本当にお忙しい中、ご迷惑をおかけするかもしれませんが、少しの間、学校に行かず、自分と向き合う時間をください。どうするかよくわかりません。ただ、言葉で表現できないけど、自分に正直でありたいと思います。お忙しい中、本当にすみません。わがままですが、あまり多くの人に知られたくはありません。これ以上偽ったり、苦しい思いをするのは嫌です。でもそこまで重大ではないので、大丈夫です。夜分に突然すみませんでした。

大空　幸星

孤独に苦しむあまり、自分自身が何者なのか、自分が何に悩んでいるかもわからなくなり限界を迎えた私が、私なりに導きだした答えだった。このメールを送ったのは、夜中の3時すぎ。疲れ果てて、このメールを送ってから寝てしまった。数時間後、電話の音で目覚めることになる。私の電話に着信が何件も入っていたがまったく気づかなかったのだ。やっと出た電話は、A先生からだった。

「お前いまどこにいるんだ」

一瞬、先生が何を言っているのかわからなかったのだが、「家で寝ています」と答えると、先生は「下までおりてこられるか」と私に言った。外に出ると、先生がそこに立っていた。先生は朝起きて私のメールを見て、すぐに私の家に向かったそうだ。きっと授業もあったと思うが、それらをすっ飛ばして、私の家に駆けつけてくれたのだ。

母親が学校に提出していた住所は、実際に私が住んでいた場所とは異なっており、私も寝込んで電話に出なかったため、先生は過去の私の話を頼りにおおよその場所を割り出し、道行く人に私の所在を聞いてまわったそうだ。その話を、卒業してしばらくたってから聞いたとき、そこまでしてくれていたことへの申し訳なさと、言葉では言い表せないほどの感謝の気持ちでいっぱいだった。

当時の私は、突然家に現れた先生に驚いたのと同時に、「よかった」と私が死んでいないことを確認して安堵した様子の先生を見て、「この人は信頼できるかもしれない」と思うようになっていった。これまで信頼できる人がいなかった私にとって、突然現れた「信頼できそうな人の存在」に最初は戸惑った。しかし、先生が「教師という立場ではなく、ひとりの人間として話そう」と声をかけ続けてくださり、私は自分の気持ちをすべて先生に吐き出すことができた。先生自身が、苦労して大学に通われたこと、会社を起業したのちに教師の道を歩んだことなどを率直に私に打ち明けてくれた。

先生は「過去を悲観するのではなく、これからの人生をどう生きていくかを決めなさい」という言葉をくれた。このときやっと、本当に「信頼できる人」を得たような気がした。

その後、これまで住んでいたところを引き払い、築40年以上のアパートに引っ越した。

エレベーターはもちろんついていないし、二人で住むにはとても狭い部屋で、窓を閉めても風が入ってきて寒かった。雨露をしのげる場所があるだけありがたかったが、母親と二人だけで過ごすことに変わりはない。その頃は、母は病気がちでずっと家で寝ていた。A先生は、母と離れて住む選択肢も示してくれたが、私がいなくなれば母はその瞬間、独りになる。病気をして働くこともできないし、精神的に不安定で誰にも頼れそうになかった。

私は、心から憎い母を許して一緒に過ごすという選択をした。このときの感情は悟りの境地に近い。決して宗教的なことではない。あまりにも理不尽で耐え難い苦しみに晒され続けた結果、「苦しんでいる自分という存在は、肉体的に生きている本当の自分とは違う」と客観的に把握することができるようになり、何の感情も抱かなくなるのだ。

それまでは過去の苦しみに囚われて生きてきたかもしれないが、A先生の「過去を悲観するのではなく、これからの人生をどう生きていくかを決めなさい」という言葉で、少しずつ過去を悲観するより「生きたい」という想いを抱けるようになった。

そんな境地で選んだ母との生活だったが、やはり一緒にいると衝突することもあった。

また、生活するために働く必要があり、私はなるべく家にいないようにした。アルバイトは本当にいろんなことをやった。コンビニ、レストラン、ホテルの配膳のバイトを掛け持ちし、週末は日雇いで工場で働いた時期もあった。一日が終わると何もしていなくても足が震えるほど、肉体的にもしんどかったが、それでも家に帰るよりはマシだった。

アルバイト先で出会った、さまざまな境遇の若者たちの存在も私にとってはありがたかった。親から虐待を受けていた女子高校生や、大学進学を目指して働いていた20代の同僚、戸籍のない人もいた。それぞれが悩みや苦しみを抱えながらも必死で生きている姿を目の当たりにしたとき、自分自身の存在を肯定できたような気がしたし、「ひとりではない」と感じることができた。

アルバイトを始めたことで、学校に通える日は減っていたが、A先生は無理に「学校にきなさい」とは言わなかった。たとえ帰りのホームルームのあとに登校したとしても、「よくきたね」と声をかけてくれ、遅れて登校する旨を連絡したときも「気をつけておいで」と言ってくれた。

教師としては「学校にきなさい」と言うのも一つの役割かもしれない。しかし、当時の私は、自分のことを全面的に肯定して、そのうえで受け入れてくれる存在が何よりも必要だったのだ。私を取りまく問題は何も解決しなかったかもしれない。ただ、何かあればA先生がいるという安心感が私の生きる縁（よすが）になっていた。そしてその縁をもとに、少しずつ人間らしい生活を取り戻すことができた。同居はしていても、母親と会話することが減ったため、母親自身も通院する余裕ができた様子だった。

## 大学進学を考えたときに、現在の活動の方針が決まった

当時は、大学に進学することなど考えてもいなかった。精神的にも考える余裕はなかったし、経済的にも大学に進学することは非現実的だった。「今」を生きるために毎日必死で、「将来」のための受験勉強に費やせる時間はなかった。大学進学どころか、高校の出席日数も卒業に必要な基準ギリギリで、成績もまったく振るわなかった。誰がどう見ても「落ちこぼれ」だ。そんな落ちこぼれを奮い立たせ、大学への進学を後押ししてくれたのも、またA先生の存在だった。

高校の学費の支払いについて配慮してくれたうえ、奨学金の存在についても親身に教えてくれた。経済的な不安が完全に払拭されたわけではなかったが、少しずつ「非現実的」だった大学進学が、「現実的」なものになっていた。また先生がかけてくれた「過去を悲観するのではなく、これからの人生をどう生きていくかを決めなさい」という言葉は、私

に生きることへの執着心を芽生えさせてくれたのみならず、「これからの人生」について考えるきっかけを作ってくれた。

だが、将来の人生について考えたこともなかった私は正直、戸惑った。将来、何をやればいいのか、皆目見当がつかなかったのだ。

漠然と何をやればいいか考える生活を続けていく中で、アルバイト先で一緒になる人たちの存在が目に留まった。彼／彼女の壮絶なストーリーと私の曲がりなりにもなかなかハードモードな人生を重ね合わせたとき、一つの共通点があった。それは「ひとり親」であるということだった。

私自身は、両親が離婚したあと、シングルファーザーとなった父と暮らし、のちに再婚した母親のもとへ行ったが、また離婚し、やはりシングルマザーとなった母親と暮らしていた。もっとも、母親の再婚相手を「父」と見なしたことはないし、再婚相手に呼び捨てで呼ばれることも嫌だった。「お父さんと呼んでほしい」と言われたこともあったが、それもできなかった。

ひとり親家庭で育つ子どもの共通点があるとすれば、それはそもそも頼れる人の絶対数が少ないというところだ。「父親には頼りづらいから母親に話す」「母親には言いにくいから父親に言う」ということが基本的にできないのだ。
加えて、どちらかの親と良好な関係でない場合、家庭内で瞬時に頼れる人を失い、孤独に陥ることになる。祖父母という選択肢もあるだろうが、ひとり親の親、すなわち祖父母はやはりひとり親である場合も多い。実際、私の母方の祖母もひとり親として、私の母を育てた。私は祖父に会ったこともないし、生死も不明だ。やはり、ひとり親で育つ子どもたちは、そうでない家庭の子どもと比べると、誰かに頼るチャンスが圧倒的に少ないのだ。

私は、ここにとてつもない理不尽さを感じた。何かサポートがないのかと、アルバイトの空き時間、何となくインターネットで検索していると「児童訪問援助事業」を見つけた。「児童訪問援助事業」は、「ひとり親家庭の児童は、親との死別・離婚等により心のバランスを崩し、不安定な状況にあり、心の葛藤を緩和し、地域での孤立化を防ぎ、新しい人間関係を築くなどの援助を必要としている。こうした状況を踏まえ、ひとり親家庭の児童が気軽に相談することのできる児童訪問援助員（ホームフレンド）を児童の家庭に派遣し、児童の悩みを聞くなどの生活面の支援を行う」（厚生労働省ホームページより）という事業だ。私は「これだ！」と思った。まさに心のバランスを崩し、不安定な状況下で、新たな人間関係を築きづらく、何か問題を抱えたときに誰にも頼れない状況が生まれてしまう、ひとり親家庭の子どもたちにとって画期的で、かゆいところに手が届く素晴らしいアイデアだと思った。

当時住んでいた隣の市のホームページでこの事業が紹介されていたので、早速、前年度の実績を見てみた。するとそこに表示された数字は「1件」。その市においては1年間で1件しか児童訪問援助員の派遣が行われていなかったのだ。さらに同じページには、児童訪問援助員の派遣には市による面接があるとの説明があった。ひとり親の子どもが派遣を希望しても、必ずしも全員に援助員が派遣されるわけではないということだ。

これが、私が生まれて初めて社会問題に関心を持った瞬間であり、同時に何年かかったとしても大学へ進学しようと強く決意した瞬間だった。

せっかく勇気を出して相談しようと思っても、相談までの道のりが長く、また必ず親の関与があるこの事業は、ひとり親家庭の子どもたちを救うために有効とはいえない。私は幸いにもA先生と出会い、少しずつ回復の途上にあったが、バイト先の人たちはそうではない。また、ひとり親家庭で親には頼れず、ひとりで悩み苦しみ、命を絶とうとしている子どもたちが、なぜ行政による面接を受けないと、頼れる人にアクセスできないのか。

私は怒りにも近い感情を抱いていた。奇跡的にA先生と出会って地獄のどん底から何とか這い上がりつつある私こそが、動かないといけない。過去を抱えていつまでも悲観的になるのではなく、自分の人生のすべてを、自分と同じような境遇にある人たちのために使いたいと思った。そのためには、大学に行って学ばなければならなかった。

そこからはとにかくがむしゃらだった。正直に言うと、当時の記憶はあまりない。大学への進学を決意してから、アルバイト、高校、親の問題など目の前に立ちはだかる壁を一つひとつ越えていくしかなかった。過去に悲観的になる暇もなくなった。もう一度、あのときの生活を送れといわれたら、おそらく無理だ。

1分でも可処分時間を長く作るために睡眠時間を削った。高校を卒業するために必死で勉強し、大学進学のための勉強も死にものぐるいだった。きっと数十年後に振り返ったとき、最も忙しい時期だったと思うだろう。このとき、精神のバランスを崩さず、最後まで諦めなかったのは、やはりA先生の存在が大きかった。

「何とかなる、いざとなったら先生がついている」。その安心感が唯一の原動力となった。先生以外にもたくさんの人から支えられ、自分の目標を達成するために頑張るチャンスをつくってもらえた。ただ高校の卒業式の日にはまだ進路は何も決まっていなかった。

卒業式後の先生や保護者との懇親会が終わったあと、会場の外でA先生と話すための列ができていた。列に並んでいたのは、私と同じく、A先生に助けられた生徒たちだった。その数の多さに私は驚くと同時に、列に並んでいる間、ほかの生徒がA先生から助けられたエピソードを聞いた。A先生は、私以外にも密かにたくさんの生徒を支えていた。

列の最後に並んだ私は、先生と少し言葉を交わした。私は先生に感謝を伝えたくて、その列に並んだが、いざ先生を目の前にすると、気恥ずかしくて言葉が出なかった。代わりに涙が止まらなかった。

あの日、先生が私の家まで駆けつけてくれなかったら、地獄のどん底で苦しんでいたままかもしれないし、命を絶っていたかもしれない。暗闇でもがき苦しむ私を引っ張り上げてくれただけでなく、立ち直るきっかけと原動力をも与えてくれた。言葉では言い表せない感謝の気持ちでいっぱいだった。涙を流す私を見て、先生は「泣くな。俺も泣けてきたじゃないか」と涙していた。お互いにあまり言葉を交わさないまま、涙を流した。その先生の涙の真意はわからないが、立ち直りつつある私への安堵からきた涙だと思う。

その後、現役で大学合格は果たせなかったが、少し遅れて慶應義塾大学に合格した。今考えても、奇跡だった。再現性のない奇跡だ。大学に入学する際、決めていたことがある。

それは、ひとり親家庭であるが故に悩みがあっても相談できる人がおらず、孤独を感じて塞ぎ込んでしまう子どもが生まれない環境を作ることだ。ひとり親家庭の子どもたちは心の支えとなるべき親と過ごす時間が少ないため、精神的負担を抱えやすく、誰にも相談できずに孤独を感じてしまう状況が生まれやすいことは、前述したとおりだ。私は、自らにとっての「先生」のように、ひとり親家庭の子どもたちが門を叩かずとも「きっかけ」を生み出せるような社会をつくるために大学へ進学したのだ。

大学に進学してからも、学費の支払いなどで苦労を重ねたが、たくさんの人に支えられて、何とか生きている。大学入学時に固めた決意は、次第にひとり親家庭の子どもたちだけでなく、「問題を抱えるすべての人」に変わっていった。そして大学3年生になった2020年。問題を抱える人が必ず頼れる人に出会えるための仕組みとして、NPO法人あなたのいばしょを設立した。早稲田大学に通う友人に声をかけ、たった二人で始めたNPOだ。普段電話を使わない子どもたちも含めて相談しやすいツールということで、「チャット」を選んだ。

## 日本の自殺防止相談の課題

相談窓口の課題は二つあった。一つは相談員不足だ。日本では、自殺防止のための相談窓口をさまざまな団体が運営しているが、どの窓口も人手不足に陥っている。原因は明らかだ。

電話相談を運営しているある団体でボランティアの相談員になるためには、小論文を書き、高額な研修費用を払い、活動を開始するまでに最長で1年以上の研修を受講する必要がある。また相談員となったあとも、事務所に出勤をして相談の対応をする必要があり、夜勤もある。繰り返しになるが、無償のボランティア相談員だ。これでは、時間的にも金銭的にも余裕があり社会貢献に関心のある一部の高齢者しか相談員として活動できない。

これは決して、各団体が悪いわけではない。各団体とも数十年間の試行錯誤と、少ない公的補助のもとで何とか相談窓口を維持しようと必死に努力した結果、このような体制を取らざるを得ないのだ。責任があるとすれば、セーフティネットである自殺予防のための相談窓口を無償のボランティアの「善意」に押しつけ、何ら手厚い支援をしてこなかった社会の側だろう。いずれにせよ、こうした体制下では相談員は集まらず、高齢化が進む一方だった。

そこで、私たちは現役世代が仕事や家事の合間のいわゆる「スキマ時間」で相談員として活動できる相談窓口の実現を目指した。相談員になるまでのステップは、主に四つある。書類選考・面談・座学研修・実地研修だ。これらをパスしてはじめて、相談員として活動を始められる。

私たちは、これらのプロセスをすべてオンラインで完結できる仕組みにした。書類選考はオンラインフォームに回答してもらうかたちにし、面談はオンライン、座学研修はオンデマンドで自分の好きなタイミングでいつでも受講できるようにした。実地研修についても、私たちのスタッフがオンラインツールを使いながら座学研修の内容を踏まえた技術的な指導を行う。この仕組みであれば、会社員が帰宅後でも相談に応じることができたり、主婦／夫が少し空いた時間に相談に応じることができる。

新型コロナウイルスの感染拡大で「ステイホーム」が盛んに叫ばれていたこともあり、完全リモートでできるボランティア相談員の活動には希望者が殺到した。「オンライン・ボランティア」というのも、これまでありそうでなかった新たなボランティアの形態だ。リモートでゴミ拾いはできないし、植樹もできない。ただ、私たちの仕組みであれば自室から支援を必要としている人に手を差し伸べることができる。

相談窓口にとって長年の課題だった「人手不足」だが、これは「成り手不足」ではない。報道などにより、社会問題への関心が高まりつつあるなかで、誰かのために手を差し伸べたいと思っている人たちは社会に大勢いる。ただ、相談窓口側がそうした人たちのニーズに応えることができていなかったのだ。これまでとは違う、新たなアプローチによってそのニーズに応えることができ、私たちは年に4回の相談員の採用を行なっているが、毎回約５００名以上の応募がある。相談窓口の課題の一つ、相談員の成り手不足は乗り越えることができた。

もう一つの課題は、24時間対応の実現だ。２０２２年1月現在、全国的に相談を受けつけているチャット・ＳＮＳ相談窓口のなかで、24時間対応を行なっているのは、私たち「あなたのいばしょ」だけ。多くの相談窓口の対応時間は夕方から夜にかけてで、行政の窓口に至っては夕方には閉まってしまう。それぞれの時間帯で相談しやすい人とそうでない人がいる。日中だけ相談を受け付ける窓口には学校に通っている子どもは相談できないし、夕方から夜にかけての窓口だと夕食の準備などの家事に忙しい人は相談できない。常に24時間相談を受け付けることが何よりも重要なのだ。

特に相談窓口を開けておく必要のある時間帯は、深夜から朝方にかけてだ。私たちの窓口では、この時間帯に最も相談が急増する。いわばラッシュアワーだ。この時間帯はほかの窓口が開いていないということもあるが、仕事や家事が落ち着き、ひとりで悩みに向き合う時間ができて、苦しい気持ちを募らせる人もいる。また、不眠症で眠れないことにより、さまざまなことがフラッシュバックして、死にたい気持ちを募らせる場合もある。この時間帯は自殺のリスクが高いとされる。実際に２０２０年の自殺者数を時間別に見ると、「不詳」を除くと最も多いのが「0~2時」だ（令和2年警察庁自殺統計原票データより）。

しかし、この時間帯に相談員を確保するのは容易ではない。いくらリモートできるボランティアといっても、現役世代の多い相談員に深夜から朝方の時間帯に相談に入ってもらうことは非現実的だ。また、有給の職員であっても、夜勤があることで人材確保の難しさは格段に上がる。どうすればいいか、頭を悩ませていた。

そこで私たちが着目したのは、「海外在住の日本人」だ。人手不足を解消するために導入した、すべてリモートというシステムを活用すれば、海外に住んでいる日本人であっても相談員として活動できる。最も相談の増える深夜から朝方の時間帯に、時差を利用して、海外に住んでいる日本人にも相談に応対してもらえば、24時間切れ目のない相談支援を実施できる。このアイデアを多くの人に話したが、反応は一様だった。「いいアイデアだけど非現実的だよね」というものだ。できないと言われれば言われるほど、「やりたい」気持ちが強化される性分の私は、何としてもこのアイデアを実現するべく奔走した。

海外に住んでいる日本人にツテなどない。ボランティア相談員の募集サイトを作り、そこに世界地図のイラストを載せて、海外からも相談員を募集していることをアピールするのが精一杯だった。ただ、奇跡的にそのサイトを見た、海外在住日本人からの応募があった。あとで理由を聞くと、その世界地図のイラストに惹かれたという。何でも載せてみるものだなと、そのときは思った。

そこから、私たちの活動がCNNやウォール・ストリート・ジャーナルほか、世界各国のメディアで取り上げられたこともあり、海外在住の日本人に徐々に活動が知られるようになっていった。いまでは相談員の2割程度が海外在住だ。この比率を将来的には5割に引き上げていきたいという目標がある。またこの仕組みを応用すれば、アメリカの人の相談にイギリスの人が応じることもできるし、チリの人の相談にスペインの人が応じることも可能になる。「頼り・頼られる」という関係性に国境はない。誰もがいつでも頼れる人にアクセスできる仕組みを世界中に広げていくつもりだ。

## チャット相談にもスキルが必要

私たちの相談窓口の相談員は、「いばしょ相談員」と呼ばれる。このいばしょ相談員になるために、特別な資格は必要ない。書類選考や面接、研修などの選考プロセスを通過しさえすれば、誰もが相談員として活動できる。

相談窓口は、大きく二つに分けることができる。有資格者、すなわち心理のプロフェッショナルによる相談窓口か、研修を受けたボランティアが相談に応じる窓口だ。「あなたのいばしょ」は基本的には後者だ。〝基本的〟というのは、私たちの相談窓口には資格や豊富な相談支援経験を有する人たちを、スーパーバイザー（ＳＶ）や専門相談員（自殺リスクの高い相談に応じる専門の職員）として雇用しているからだ。ただ、ほとんどの相談員がボランティアである。

もちろんボランティアのなかには、医師や看護師、臨床心理士といった専門資格を有する相談員もいるが、ほとんどの相談員は研修を受けた、相談支援経験のない人たちだ。彼／彼女らが、困難を抱え、自ら命を絶とうとしている人たちの相談に応じることができるかとの問いには、自信を持って「できる」と答える。資格を持たない市民が、自ら命を絶とうとしている人たちの相談に応じることができなければ、「支え合いの社会」など到底実現できない。世界でも自殺率が高い日本で、資格を持った人たちだけの相談窓口が、24時間、刻々と増えつづける相談に応じることができるだろうか。大切なのは、いかに市民の力を最大限、生かせるかだ。

相談窓口では当然医療行為は行わない。基本となるのは、「傾聴」。定義はさまざまあるが、私たちは「相手（相談者）の気持ちに寄り添いながら、話を聴き、共に考えていく姿勢」と考えている。これは資格がないとできない行為ではない。悩みを抱える人たちは、資格を持つ人たちの「カウンセリング」的な行為にはまったく応じないが、資格のない人との「雑談」には積極的に応じてくれる場合もある。重要なのは資格の有無ではなく、「傾聴」を行えるかどうかだ。

さらに私たちの窓口では、相談者を「マイナスからゼロ」の状態に持っていくことを目指している。相談窓口を運営していると、自分たちが相談ニーズに応えられているのかという葛藤を抱くことがある。相談者の多くは、相談窓口にきて、根本的な問題解決を求めている。しかし私たちはあくまで「傾聴する人」であり、「問題を解決してあげる人」ではない。ここにギャップが生じているのだ。仮に私たちが、その人が抱える複数の重層的な相談の一つを解決できたとしても、残りの問題まで解決できるとは限らない。さらにその人が、その先の人生の中で別の問題を抱えたときに、私たちが駆けつけて、問題を解決できる保証はない。「問題を解決してあげる」ことが必ずしも相談者にとってベストな対応とは限らないのだ。

私たちの役割は、いま命を絶とうとしている「マイナス」の状態にある人を、問題も解決して頑張って生きていきますという「プラス」の状態に持っていくことではない。「マイナス」の状態から、とりあえず今日は死ぬのはやめておきますとか、とりあえず明日も生きてみますという「ゼロ」、いわばフラットな状態まで持っていくことだ。人間、マイナスからいきなりプラスには転じない。ゼロの状態になって初めて、プラスへと一歩を踏み出せるのだ。

私たちが言う傾聴とはまさに、マイナスからゼロに踏み出す過程において、後ろからそっと背中を支えながら、「頼れる人」として伴走していくことである。そして、人間が本来もっている回復していく力や援助希求能力を相談者が取り戻していくのを見守る。それこそが相談窓口の本質だと思う。繰り返しになるが、この行為に資格は絶対条件ではない。すべての人が「傾聴」を行うことはできるし、すべての人が誰かの悩みを受け止める資格がある。

ただ、相談の質と安全性を軽視することはできない。書類選考・面接・座学研修・実地研修をすべてクリアして相談員になるのは、応募総数の約3分の1程度だ。かなり厳しいスクリーニングを行う。これらをクリアさえすれば、誰でも相談員として活動できることになるが、注意点もある。

それは困難を抱えて追い詰められた人と接する際に、私たちの言葉一つで、さらに追い詰めることになってしまう場合もあるという点だ。うつを抱えている人に「頑張って」と声をかけることは禁句だが、研修を受けていないと、こうしたことを知らず、意図せずして相談者を傷つけてしまう場合もある。そのため、私たちは、資格を持たない市民相談員に、相談のスキルを教えるなど、質の高い研修に何よりも力を入れている。

また、チャット相談の場合は、対面や電話相談とはまったく別の「難しさ」があるため、通常の傾聴スキルに加えて、チャット相談独自のスキルを習得する必要がある。チャット相談独自の「難しさ」の一つは、非言語コミュニケーションが使えないという点だ。

人間は言葉だけでコミュニケーションをしているわけではなく、目の動きや息遣い、表情などの非言語情報を使っている。ただ、チャットやSNSの相談窓口では、一切それらを使うことができないため、相談者の感情が読み取りづらい。加えて、相談員の感情を伝えづらいという問題が起こる。そのため、相談員は相談者が打ち込む、無機質な文字に全神経を集中させ、相談者の姿や抱いている感情を想像しながら相談を進めていく必要がある。

また、相談内で使われる一人称が「俺」だったとしても性別が男性とは限らないし、相談者が小学校低学年だと相談員に伝えてきても、見た目や声を知ることができないため、本当かどうかはわからない。大切なのは、やはり「想像力」だろう。もちろん大前提として、相談者を信頼する必要はある。ただ、相談者が相談の最初に伝えてくる基礎情報（年齢・性別・都道府県等）を鵜呑みにはせず、会話のスピードや言葉遣い（漢字とひらがなの分量、単語の難解さ等）、絵文字の有無、会話の中身などから総合的に相談者の状況をアセスメントしていくことになる。

チャット・SNS相談は黎明期であり、これら独自の「難しさ」に対しての明確な「答え」というものは存在しない。これまで対面支援を中心に行ってきた心理のプロフェッショナルたちが作成した、杓子定規のマニュアルは実際のチャット相談の現場では通用しないことも多い。

先に述べたとおり、支援者側と被支援者との間でのギャップもある。現在23歳の筆者も、いまの小学生の価値観や心性ははっきり言ってわからない。日々、数百人の悩みを抱える子どもたちが利用する相談窓口を運営していてもよくわからないのだ。もっと言うと、「わかったつもり」になってはいけない。

常に自分たちが提供している相談窓口が、このサービスを必要としている人たちのニーズと合致しているか。サービスを利用していくなかで「バリア」は存在しないか。慢心せず、常に厳しい目で見ていく必要があるし、相談員への研修内容も臨機応変にしていく姿勢が不可欠だ。そして、チャット相談窓口の先駆者として、私たちの現場で培った感覚と技術を社会に広げていくことも忘れないでおきたい。

第2章

# イギリスで定義された「望まない孤独」とは

## ソリチュード（Solitude）とロンリネス（Loneliness）の違い

「孤独」という言葉を聞いたときに思い描くイメージは人によって異なる。多くの人は、ひとりでいることや、単純にひとりぼっちの状態を思い浮かべるのではないだろうか。もちろんそれも間違いではないが、「孤独」は大きく分けると2種類あるといわれている。

一つ目が「積極的な孤独」。英語では、Solitude（ソリチュード）と訳される。例えば、友達や家族が周りにいてもひとりになる時間をつくったり、ひとり暮らしで友達付き合いがほとんどなくても「平気」という場合などが、この積極的な孤独に当てはまる。すなわち、自らの意志でひとりでいることが積極的な孤独、ソリチュードだ。孤独というよりは孤高に近い。

「あなたのいばしょチャット相談」を訪れる人の多くは、人間関係を起因とした問題を抱えている。学校や職場、もしくは家族同士でも、常に一緒にいることで些細なことでもストレスとなり、それが精神的な不調として表れることがある。そのため、人間関係などのストレスを抱えている方にとって、ひとりで自分と向き合う時間をつくったり、ひとりで自分の好きなことに取り組む積極的な孤独は、ストレスに対する一つの対処法になる。

日本では、保育園や幼稚園の頃から「協調」することの重要性が説かれてきた。社会は支え合いでできており、学校や職場などでは必ず他者と接する必要があるため、協調性を身につけることは決して無駄ではない。しかし、協調性を重要視しすぎた副作用として、集団から離れてひとりでいる人に対して、協調性のない人とか、仲間外れにされている寂しい人といったレッテルが貼られてきた。このイメージが、積極的な孤独を選ぶことを妨げてしまっている。

ひとりで訪れる人も多いラーメン屋やカフェなどは「仲間外れにされている人」と見られることが少ないため、ひとりで利用しても平気という方は多いだろう。では、「集団で行くこと」が主流となっている居酒屋やテーマパークはどうだろうか。これらの施設にひとりで行くことは多くの人にとって、依然として高いハードルであることが多い。自ら望んでひとりになったり、ひとりで食事や娯楽を楽しむことに心理的ハードルがない状況、すなわち集団から離れ、望んで積極的な孤独を選ぶことを、「友達のいない寂しい人」とは見なさない環境をつくっていくことが、誰もが生きやすい社会の実現にとって大切だ。もちろん、その場合でも、いざとなれば誰かとつながることができる「ゆるいつながり」を保っておく必要がある。

もう一つの孤独は、英語ではLoneliness（ロンリネス）と訳される「消極的な孤独」、すなわち〝自らが望まない孤独〟だ。本書で取り上げる孤独とは、積極的な孤独（ソリチュード）ではなく、この望まない孤独を指す。そして、この望まない孤独こそ、現代社会が抱える最も深刻な問題の一つである。自ら望んでひとりでいる積極的な孤独とは違い、この望まない孤独はその名のとおり、本人が望んでいないにもかかわらず孤独であるというもの。Lonelinessの定義として広く知られているのは、Perlman,Peplau（1981）の「社会的関係のネットワークが量的あるいは質的に不足しているときに生じる不快な経験」というものだ。つまり、誰かに頼りたくても頼れない、話したくても話せないといった状況や、そこから生起される感情（孤独感）が、望まない孤独なのだ。

この望まない孤独が厄介なのは、客観的に望まない孤独を抱えているかどうかの把握が難しいという点にある。例えば、はたから見ると家族や友人に囲まれて幸せそうに暮らしている人がいたとする。しかし実は、その人は周りの人に悩みを打ち明けられず、ひとりで望まない孤独に苦しんでいる場合があるのだ。芸能人の自殺が報道されたとき、多くの人は「なぜ仕事も順調で家族もいて幸せそうな人が……」と考えるのではないだろうか。誰もが憧れる順風満帆な生活を営んでいると思われている人でも、人知れず望まない孤独を抱えていることは往々にしてある。

客観的に見て、望まない孤独を抱えているということを把握しやすい場合もある。それは、家族やコミュニティとの接触がほとんどない「社会的孤立」状態に陥っている場合だ。

社会的孤立の定義として最も一般的な、Townsend（１９６８）の定義によれば、社会的孤立は「家族やコミュニティとはほとんど接触がない」状態だ。社会的孤立状態にある人すべてが望まない孤独を抱えているということではない。社会的孤立状態にあって孤独な人もいれば、社会的孤立状態にあってもまったく平気という人や、先ほど説明した積極的な孤独が好きという人もいる。しかし、社会的孤立状態にある人の多くは、望まない孤独を抱えている可能性が高いという点に、注意が必要だ。

この社会的孤立と孤独の関係は複雑に捉えられがちで、日本においては特にそれぞれの定義が曖昧になっている。「孤独死」と「孤立死」という二つの言葉はその典型的な例で、それぞれが混同して使われている。厚生労働省をはじめとする行政機関は孤独死ではなく、孤立死という言葉を使うが、ＮＨＫなどのマスメディアでは両方の言葉を混同して使用している。日頃から家族やコミュニティとの接触がほとんどない社会的孤立状態にあった方がひとりで亡くなったということであれば、「孤立死」が正しい表現だと思われるが、社会的孤立状態にはなかったが最期の瞬間をひとりで迎え、そのときに孤独を感じていたということであれば「孤独死」という言葉が適切だろう。しかし、最期の瞬間にその人が孤独を感じていたかどうかを、あとから把握するのは極めて困難だ。ひとり暮らしの人が誰にも看取られずに亡くなった場合を指す言葉として、単純に孤独死や孤立死のどちらか好きな言葉を使うということではなく、二種類の孤独の違いや、社会的孤立の意味を把握したうえで使用する必要がある。

このように孤独や孤立の定義の曖昧さ、正確に言えば、積極的な孤独と望まない孤独の違いや社会的孤立の意味が社会に浸透していない状況では、問題を把握をすることは不可能だ。孤独死や孤立死の問題では、それぞれの定義が曖昧なため、社会が取り組むべきは孤独死なのか孤立死なのか、それともその両方なのか、行政や支援者たちですらわかっておらず、孤独死や孤立死に追いやられる人が何人いるのか、全国的な統計調査もできていないというのが現状である。

それだけではない。書店に行くと、多くの雑誌や書籍などで、社会的孤立と孤独の違いや、望まない孤独の存在を無視した「孤独を愛せ」「孤独が人を強くする」といった言葉が躍っている。積極的な孤独（ソリチュード）を、人間関係のストレスなどから離れる必要がある人だけを対象にして、限定的に推奨することは問題ない。しかし、誰かとのつながりを欲している人や、望まない孤独を抱えてひとりで悩み苦しんでいる人に対してまで、孤独を礼賛し推奨するのは極めて酷で危険な行為である。

かつて、われわれ人類が狩猟採集社会を形成していた時代、群れから外れると食事にありつけず、命を落とすこともあっただろう。そのため、集団から外れたり、「自分は集団から外れている」と自らが認識したとき、人間には「誰かにつながりたい」という生理的欲求が生じる。つまり、頼りたくても頼れない、話したくても話せないという望まない孤独は、「お腹がすいた」「喉が渇いた」といったほかの生理的欲求と同じく、人間であれば誰しも感じる可能性がある。

このことを踏まえたうえで、「孤独を愛せ」「孤独が人を強くする」という言葉について再考してみよう。お腹がすいている人や喉が渇いている人に、「空腹を愛せ」「口渇がお前を強くする」と言うだろうか。喉が渇いているときに、「自分を強くするから」といって水分を摂るのを我慢すると、人間は死んでしまう。同じように、孤独を感じたときには、それを我慢するのではなく、生理的欲求に従い、誰かとつながることが必要なのである。

孤独は愛するものでも、人を強くするものでもない。身体が求める、誰かとつながりたいというサインなのだ。そのサインに従って、決してひとりで対処しようとせず、周りの人を頼ったり、相談窓口を気軽に利用してもらいたい。ただ、なぜこうした「孤独を愛せ」といった論調が生まれてしまうのかというと、それはやはり、社会全体が「望まない孤独」を取り組むべき課題として捉えられていないからに尽きる。

## 「望まない孤独」の問題点

孤独を社会全体が取り組むべき課題として設定するには、孤独のどこが問題なのかということについて考える必要がある。社会的課題とは、国や地方自治体、民間団体、そして個人までもがその解決のために取り組むべきテーマであり、社会資源を消費する。そのため、孤独がもたらす問題点を明らかにする必要がある。孤独がもたらす問題の一つは、既存の社会的課題の解決が困難となり、新たな社会的課題が連鎖的に発生してしまう点だ。実際に私が運営する相談窓口に寄せられたケースを例に考えてみよう。

相談者（30代前半・女性）はシングルマザーで、ひとりでの子育て（孤育て）に悩んでいた。彼女は実家が遠く、友人はいるが、友人たちも子育て中ということもあり、周りに助けを求められずにひとりで育児をしなくてはならなかった。さらに、毎日のように日夜を問わずパートの掛け持ちをしながら、まだ小さいお子さんの世話と家事を一生懸命頑張っていた。しかし、新型コロナウイルス流行の影響でパートはクビに。将来の不安、育児のストレスなどが積み重なり、そのストレスのはけ口を、とうとう子どもに向けてしまった。〝孤育て〟という社会的課題が、児童虐待という別の社会的課題を生んでしまう原因になるという事例の一つだ。

もちろん彼女だけではない。ワンオペ育児や孤育てをしている親から、「子どもを虐待してしまいそう」という相談は毎日のように寄せられる。虐待や暴力を受けている子どもからの相談もひっきりなしに寄せられる。虐待を受けながらも、先生はおろか、家族にも話せないという子どもが大勢いて、日常生活の中で誰にも頼ることができず、ひとりで孤独な環境に耐えている。被虐待児が望まない孤独を抱えて誰にも頼れなかった結果として虐待死などに追い込まれたとき、孤独によってまた新たな社会的課題が発生してしまう。さらに、児童虐待で亡くなる子どもの多くは０歳児だが、これにも母親が望まない妊娠などで誰にも相談できない孤独を抱えていたケースが多々ある。このように、望まない孤独は連鎖的に社会的課題を生み続けてしまっている。

## 孤独は精神的・身体的なリスクをもたらす

孤独がもたらす問題はほかにもある。望まない孤独を抱えたときに感じる孤独感という感情がもたらす、身体的・精神的な影響だ。人間は社会的に拒絶されると、身体的苦痛を感じたときと同じように、大脳にある背側前帯状皮質という領域が活性化するという研究結果もある。[※3] その結果として、身体的・精神的な悪影響を及ぼす。

例えば、孤独は毎日たばこを15本吸うことに匹敵するほどの健康被害をもたらす[※4]といわれていて、孤独が死亡リスクを26％高めたり、[※5] 冠動脈疾患発症リスクを29％高める[※6]という調査結果もある。容易に想像できると思うが、うつ病の発症リスクを上昇させる[※7]ほか、自殺者の心理的特徴の一つとして強い孤独感が挙げられている。[※8]

## イギリスで行われた国内調査では、孤独による経済損失は年間約5兆円

こうした身体的・精神的な影響が明らかになるにつれ、望まない孤独がすでに社会的課

題として捉えられているイギリスでは、孤独がもたらす経済損失も算出されている。多くの人が孤独を感じ、社会的つながりが喪失することによって生じる経済損失は、年間約320億ポンド、日本円にして年間約4・8兆円にものぼる。[※9]NHSと呼ばれる公的医療制度のもとで、ほとんど無料で医療サービスを受けられるイギリスでは、望まない孤独が社会保障費の圧迫を招いている可能性があるということだ。

望まない孤独を感じるメカニズムはイギリス人も日本人も同じであるから、当然、日本においても社会保障費の圧迫を招いている可能性がある。しかし、望まない孤独を社会的課題として捉えていない日本では、孤独の定義が曖昧なため、孤独がもたらす経済損失はおろか、国内で何人が望まない孤独を感じているのかということすらわからない状況だ。

経済損失などの数字によって、望まない孤独がなぜ問題なのかを可視化することは、孤独を社会的課題として捉えるうえで重要となり、政府や人々のこの問題に対する関心度と危機感を高めることにつながる。そして、この可視化は客観化することとも関係する。孤独という主観的な問題は、数字やデータを通じて客観化しなければならないのだ。

## イギリスを動かした女性議員の死

2018年1月、イギリスのテリーザ・メイ首相（当時）は「孤独担当大臣（Minister for Loneliness）」の設置を発表し、孤独対策に取り組んでいくことを宣言した。孤独担当大臣は、実質的には政務次官（Parliamentary Under Secretary of State）級の役職だが、孤独問題に取り組む世界初の政府の公式なポストであり、イギリスは、「孤独」に取り組むと表明した最初の国となった。初代の孤独担当大臣に任命されたのは、トレイシー・クラウチ下院議員で、同年11月まで務めた。

メイ首相は、イギリスの孤独対策について「孤独問題への戦略策定と革新的解決のための基金創設を通じて、孤独問題の解決を目指す」として、まずは2018年内に政府の対孤独戦略の策定や全国民の孤独を測る指標を開発することなどを指示した。これを受けて、全国統計局（ONS）が指標の開発に着手したほか、専門家へのヒアリングを重ね、2018年10月には「つながりのある社会―孤独に取り組むための戦略―変化のための基礎を築く」（A connected society: a strategy for tackling loneliness–laying the foundations for change）という報告書をまとめ、政府としての対孤独政策を初めて公表した。

では、なぜイギリスでは「個人の問題」とされていた孤独が、中央政府までもが取り組む「社会の問題」へと広がっていったのか。政策の形成過程を見ていこう。

イギリスにおける孤独対策に関する動きは、2010年に「Age UK Oxfords hire」、「Counsel and Care」、「Independent Age and WRVS」、「Calouste Gulbenkian Foundation」の四つの非営利団体が合同で、高齢者の社会的つながりを創設することを目的に孤独廃絶のためのキャンペーン（Campaign to End Loneliness）を立ち上げたところから始まる。

このキャンペーンでは、2012年3月までに四つの目標を達成することが定められた。[※10]

1．孤独によって引き起こされる問題と、その問題の重要性に対する認識を向上させる

2．高齢者の孤独根絶のために効果的な施策の策定

3．高齢者の孤独根絶のための社会的ビジョンの提示

4．孤独という問題から自分たちの将来の生活を守るためにすべての人ができることを策定

これらの目標からわかるように、キャンペーンは高齢者が対象。現在は全年齢を対象としているが、当初のイギリスにおける孤独対策はあくまで高齢者に対象を限定していた。

以来、Campaign to End Loneliness以外のさまざまな非営利団体も孤独対策に取り組んだが、政府レベルの対策には至らず、あくまで民間レベルで取り組まれていた。こうした

状況を大きく変えたのが、ジョー・コックスという女性だ。

　彼女は、1974年、イングランド北部のウェスト・ヨークシャー州ヘックモンドワイクという町の、ごく普通の一般家庭で育ち、ケンブリッジ大学に進学。大学卒業後は、下院議員や欧州議会議員のスタッフを務めたり、NGOでアフガニスタンなどでの人道支援活動への従事、自らも非営利組織を立ち上げるなど、常に社会の中で弱い立場にある人たちのために精力的な活動を続けていた。そして2015年のイギリス総選挙で、生まれ育ったウェスト・ヨークシャー州にあるバトレー・スペン選挙区から労働党候補として出馬し、見事当選。下院議員としての活動を始める。

　彼女は当選直後から、社会問題を解決するため党派にこだわらず、労働党の議員でありながら、ときには保守党議員とも協力しながら政治活動を行った。シリアの内戦問題に関しては、超党派の議員グループに入り、保守党の議員とともに活動することもあった。そうしたなかで、彼女が取り組んだ問題の一つが孤独だったのだ。

　彼女が孤独の問題に取り組むようになったきっかけは、彼女自身が自分の選挙区であるバトレー・スペンをくまなく歩き回って地域の人と対話を重ねるうちに、高齢者や低所得者層、母親や若者まで、あらゆる世代の人が抱えている問題の背景に、孤独があることに気づいたことだ。しかし、その時点ではイギリス社会において、孤独という問題はまだ個人の問題であり、国を挙げての対策は取られていなかった。また、前述したように高齢者の孤独に着目した活動は民間レベルで展開されていても、高齢者以外の孤独についてはあまり注目されていなかった。そこで、野党の労働党に所属していた彼女は、党利党略からではなく、孤独という社会全体で取り組むべき問題として、与党をも巻き込みながら、超党派の委員会設置に向けて準備を開始した。まだ初当選から約1年の新人議員にもかかわらず、自ら足を動かして感じ取った問題に対処すべく、すぐに行動に移したのだ。

だが、ここで悲劇が起こる。2016年6月16日、彼女は地元のウェスト・ヨークシャー州で突如、男に頭と胸を銃撃されたのち、数回刺されて命を落としてしまった。享年41。3歳と5歳の幼い子どもと愛する夫を残してこの世を去った。

当時のイギリスはEU離脱を問う国民投票の直前で、極右思想を持っていた犯人の男が、EU残留派だった彼女を狙った凶行だった。決して突発的な犯行ではなく、時間をかけて彼女の行動パターンを把握した、計画的な殺人だった。もちろん、二人の幼い子どもを育てている母親であるということもわかったうえで凶行に及んだのである。

事件発生時、彼女の周囲にいた人々は咄嗟に襲われる彼女を助けようとした。しかし、そのとき彼女は、「私を襲っているこの男が皆さんたちまで襲わないように、私から離れて！」と叫んだ。このことはのちに裁判で証言されている。彼女は、最期のその瞬間まで、自らの犠牲をいとわず、他者を想い、優しさを失わなかった。彼女の死は、世界中に衝撃を与え、イギリス全土が深い悲しみに包まれた。彼女の死の直後から、彼女を弔うためにEU残留派のみならず、EU離脱推進派も活動を一時休止した。保守党のジェームズ・キャメロン首相（当時）をはじめ与野党双方とも、彼女を讃えるメッセージを相次いで出してその死を追悼した。

そして、彼女が亡くなった翌年の1月、彼女の死以降活動が止まっていた孤独問題の超党派委員会が活動を再開する。委員会の名称は、設立者である彼女の名前を冠して「Jo Cox Commission on Loneliness」（ジョー・コックス孤独問題委員会）。共同議長になったのは、保守党のシーマ・ケネディ下院議員と、彼女が所属していた労働党のレイチェル・リーブス下院議員の二人の女性で、生前から党派を超えて彼女の想いに共感していた。ジョー・コックス孤独問題委員会はその後、英国赤十字（British Red Cross）や英国協同組合連合会（Co-operatives UK）をはじめとする10以上の非営利団体と連携し、孤独についての幅広い調査を実施。その結果を２０１７年12月に最終報告書という形で公表した。

この報告書は、「孤独はあらゆる年齢、社会的背景を持つ人々に影響を及ぼし、孤独状態が慢性化すると、健康に害を及ぼし、人とコミュニケーションができなくなるまで追い込まれることになる」として、政府に対して以下の作業を実施するよう、提言を行なった。

**【1．政府が発揮するべきリーダーシップ】**

・全年齢層にわたる国家的な対孤独戦略の策定
・孤独対策を推進する大臣の指名
・新たな政策に対する家族・関係性テストの実施

**【2．孤独の指標】**

・全年齢層にわたる孤独の適切な指標（孤独の国内指標）の開発
・孤独の国内指標を主要な調査研究に含める
・孤独へのさまざまな取り組みの影響に関するエビデンスの蓄積（what works）
・他者とつながり、孤独を避けるために役立つわかりやすいメッセージの作成

**【3．行動の触発】**

・孤独に対する革新的な解決策の奨励

・人々がつながることを可能にする活動を発展させるためのコミュニティへのシード投資
・孤独を感じている人がコミュニティとつながるための、友好的なサポートを提供している既存の枠組みの拡大

**【4．上記を達成するために必要な政府以外のアクター】**

・市長など地方自治体のリーダー
・公共セクターのリーダー
・ビジネス・リーダーと従業員
・コミュニティ・セクターと非営利団体

この最終報告書は、公表後すぐにテリーザ・メイ首相（当時）に届けられた。そして公表からわずか1か月後の2018年1月、本章の冒頭で取り上げたように、イギリスのメイ首相は「孤独担当大臣（Minister for Loneliness）」の設置と、孤独問題に政府を挙げて取り組んでいくことを発表した。これは、ジョー・コックス孤独問題委員会の最終報告書のほとんどを実行することを意味している。孤独対策という、いわゆる「労働党らしい政策」を保守党のメイ政権が採用したことは、政権への批判をかわす狙いがあるなどの意見

もあった。しかし、ジョー・コックスというひとりの人間の遺志が政府を突き動かしたことに疑う余地はない。高齢者の投票率が高いイギリスにおいて、「票になるかならないか」という損得勘定ではなく、票には直接的につながらないかもしれないが、若者や母親、低所得者層など地域のあらゆる人の声に彼女は耳を傾けた。その結果、孤独問題は社会問題へと広がっていったのだ。

## イギリスで実施された孤独政策

イギリスではその後、２０１８年の1年間で、孤独対策を含む一連の政策に計２０００万ポンド（約28億円）が支出されたほか、地方自治体の孤独対策に関する包括的なガイドラインの策定、孤独について話すことを推奨する官民協力の「Let's Talk Lonelinessキャンペーン」の推奨など、急速に国を挙げての孤独対策が進んでいった。さらに、孤独担当大臣の設置と同時に、テリーザ・メイ首相が指示した全年齢を対象とする孤独の国内指標の開発も全国統計局（ＯＮＳ）によって行われた。これまでも高齢者の孤独に関する調査はなされていたが、子どもや若者、成人の孤独に関する調査はほとんどなかった。そのため、ONSによる指標の開発は、孤独が人に与える影響やそれに対する予防や軽減が果たして可能なのかを探るために、極めて重要な役割を果たした。

2018年12月に、ONSは孤独とその指標化のための基準などを公表し、行政機関や地方自治体のみならず、孤独の問題に取り組む非営利団体や、大学などの学術機関、一般市民とも共有が図られた。こうした指標などを用いてイギリス国内で調査したところ、孤独を慢性的に感じているのは高齢者ではなく、16~24歳の若者であるという結果[※11]が得られた。まさに、ジョー・コックスの「高齢者のみならず、あらゆる世代の人が抱えている問題の背景に孤独がある」という気づきが正しかったことが証明されたのだ。

ジョー・コックスの遺志を継いで孤独対策を始めたメイ政権は、2019年7月に退陣した。しかし、孤独対策は次のボリス・ジョンソン政権にも引き継がれ、2021年までに3代の孤独担当大臣が誕生し、社会のさまざまな場面で、ひとりで悩み苦しむ孤独をなくす取り組みが行われている。ジョー・コックスが議員を務めていたのは、わずか13か月だが、その短い期間に彼女が残した功績はあまりにも偉大である。そして、孤独に取り組む動きは現在イギリス国内にとどまらず、世界中に波及し始めているのである。

第3章

# 増え続ける子どもの自殺相談

～欠けた当事者目線～

## 20年度の自殺者数は10年ぶりに増加。もともと自殺が多かった日本

新型コロナウイルスが猛威を振るった2020年、日本における年間自殺者数は2万1081人と前年より912人増えて、年間自殺者数としては11年ぶりの増加に転じた。日本の自殺者数は、1978年に統計を取り始めて以来、年間2万人台前半で推移していた。しかし、1983年に2万5000人を超え、その後はまた減少傾向にあったものの、1986年は再び2万5000人を上回った。1986年以降は比較的減少し、1991年には2万1084人まで減ったが、1994年から再び上昇傾向となり、1998年には3万2863人と、前年の2万4391人から8472人も増加した。

さらに2003年には、3万4427人と統計開始以来最多を記録し、その後は3万人台で推移。ちなみに、自殺者数が過去最多となった2003年の交通事故による死亡者数は7702人であり、自殺者数が大きく上回る。日本人は交通事故で亡くなる人よりも、自ら命を絶って亡くなる人のほうが圧倒的に多いのだ。

こうした深刻な状況に対処するべく、2006年には自殺対策基本法が制定され、国を

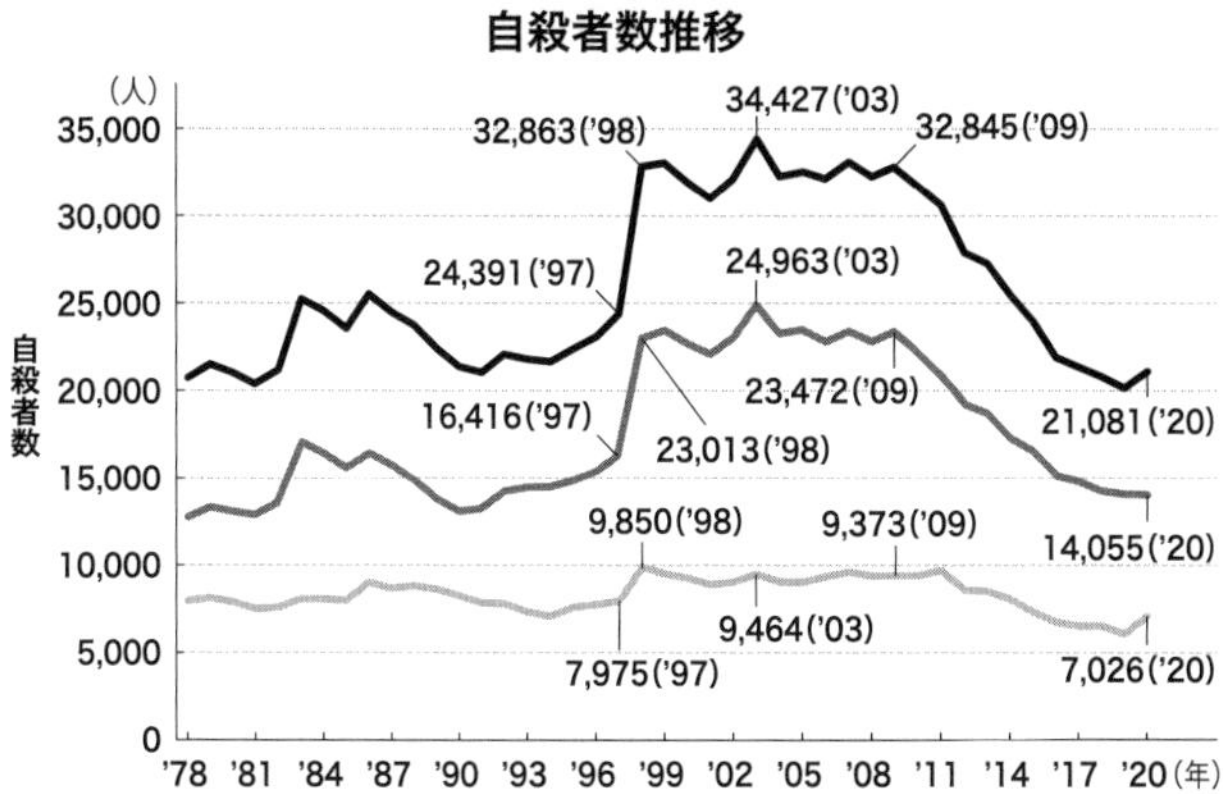


2003年をピークに日本の自殺者は減少傾向にあった。約7割が男性である

挙げての自殺対策が始まった。その一つがゲートキーパーだ。

ゲートキーパーは周りの人の自殺のサインに気づき、適切な対応を取ることができる人のことだが、「自殺総合対策大綱（2007年）」では、当面の重点施策の一つとしてゲートキーパーの養成が掲げられた。かかりつけの医師や教職員、保健師、看護師、ケアマネージャー、民生委員、児童委員、各種相談窓口担当者などがゲートキーパーとなれるような研修等を行うことが規定されている。

だが、ここにあげた八つの職種のうち、平日は朝から晩まで働き、スティグマを抱えながらひとりで孤独に耐えている会社員が頻繁に接する職業はほぼない。また、ゲートキーパーは民間企業においては必ずしも浸透しているとは言えない。

こうした課題を抱えてはいるものの、官民を挙げて対策が講じられてきたことは、紛れもない事実である。そうして、2010年から減少傾向に入り、2019年には2万169人と過去最小を記録した。

しかし、前述したように2020年の自殺者数は2万1081人となり、10年間減少していた自殺者数が増加に転じてしまった。背景には、新型コロナウイルスによりさまざまなストレス因を重層的かつ連鎖的に抱える人が増えたことが考えられる。筆者が運営している「あなたのいばしょチャット相談」に寄せられる相談を見ていくと、コロナ禍で人々が何に悩み、どのように自ら命を絶とうと思うほど追い詰められたかがわかる。

最初の緊急事態宣言が発令された2020年春、寄せられる相談内容の多くは限定的だった。子どもを育てる母親からは、一斉休校により子どもが家にいることで、「育児と家事のダブルストレスでしんどさを感じる」といった相談や、この年大学に入学した新入生から「リモート授業で友だちができるか不安」といったような内容だった。それが、感染が広がっていくにつれて、次第にストレスが重層的に変化していった。

春頃に育児と家事のダブルストレスに悩んでいた母親からは、「パートを切られました。子どもを育てなければいけないのに、どうすればいいのかわかりません。お先真っ暗です」といった相談内容が寄せられるようになった。リモート授業で友だちができるのか不安だった新入生からは、1日中誰とも会話せずPCの前に座って授業を受け、外にも遊びに行けない状況となり、「何もしていなくても涙が出てきます」というほど、精神的に追い詰められていた。もちろん、アルバイトに入れない学生も大勢おり、「経済的に厳しい状況に追い込まれている」といった相談も徐々に増加。さらに同年夏には、芸能人の自殺の報道が相次ぎ、メディアのセンセーショナルな報道に影響を受け、「漠然と死にたいという感情が強まった」と訴える人たちからの相談が多数寄せられるようになった。

その後、2回、3回と緊急事態宣言が発令されるたびに、これまでストレスを抱えていた人たちは、さらに新たなストレス因を抱え、追い込まれていく。実家に帰れない、友だちと会えないといったコロナ禍での人と人とのつながりの制限も影響し、ストレスのはけ口がないまま、増え続けるストレスのなかで、ひとりで悩み、苦しみ、耐えるしかないといった状況が生まれてしまった。

もちろん、コロナ禍でのメンタルヘルスの悪化は、日本だけではなく、世界中で報告されている。しかし、コロナ禍以前より日本の10万人あたりの自殺死亡者は18・5人と、世界で最も高い水準であり、深刻な状況はあまり変わっていない。

## 子どもの自殺者数は、全体の自殺者が減少していたときも減っていなかった

このように自殺は、日本であらゆる世代に関係する極めて深刻な問題だ。そして、特にコロナの影響を受けているにもかかわらず、有効な対策がまったく講じられてこなかったことにより、命が失われ続けている世代がある。それが子どもだ。子どもの自殺は極めて深刻であり、中学・高校教師の5人に1人は生徒の自殺に、3人に1人は自殺未遂に遭遇したことがあるという調査結果[※12]もある。

ほかの世代と同じく、コロナ禍で自ら命を絶つ子どもが増えた。警察庁の調べでは、2020年の小中高生の自殺者数は前年比25・1%増の499人。これは統計開始以来、最悪の記録である。自殺者数だけでなく、私たちの相談窓口に寄せられる子どもからの相談も、増加の一途をたどった。

「新学期、学校に行くのがつらいです」

「もう死にたいです」

多くの相談は、こうした悲痛な言葉で始まる。2020年3月に相談窓口を開設して以来、2年間で20万件以上の相談が寄せられた。その約8割は29歳以下の若者・子どもからの相談だ。小学校低学年の子どもたちからの相談も連日寄せられていて、2020年は1日150件ほどであった相談が、2回目の緊急事態宣言が出された2021年1月以降は1日200件ほどに増加。感染が再拡大した2021年5月以降は、1日600件以上の相談が寄せられる日が続いた。

コロナ禍以前からすべての相談に対応することができないほど逼迫していた相談窓口は、さらに危機的状況に陥っている。社会の最後の砦として機能している相談窓口は、多くのボランティアによって成り立っているが、急増する相談を前に、この最後の砦をなんとか死守しようと、ボランティアは睡眠時間を削り、日夜相談に応じている。

しかし、これは美談でもなんでもない。コロナ禍以前から若者や子どもの自殺問題は悪化の一途をたどっていたにもかかわらず、有効な対策が講じられてこなかった。そのしわ寄せが生じていたということになる。

## 19歳以下の自殺者数

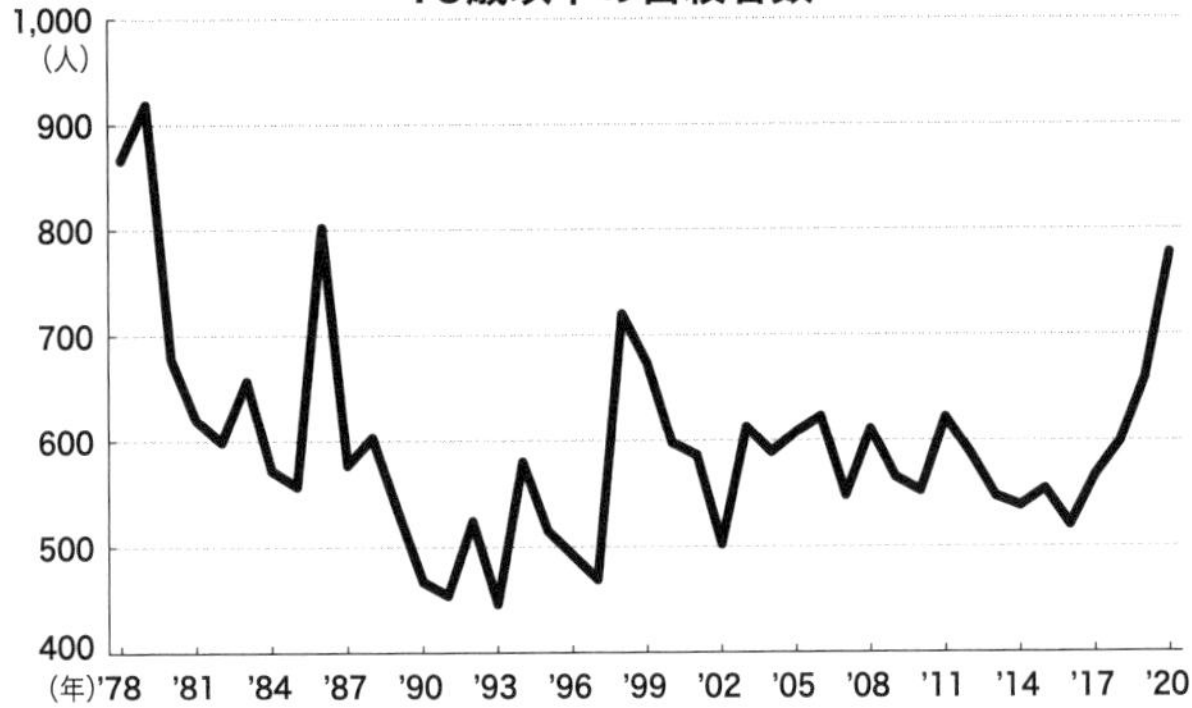


子どもも含めた19歳以下の自殺者数

子どもの自殺を取り巻く現状は異様だ。これまで説明したように、2020年の全年代の年間自殺者数は11年ぶりに増加に転じたが、それまでは2003年の3万4427人をピークに減少していた。実際、統計開始以来最小となった2019年の自殺者数は2万169人と、16年前と比べて1万5000人近くも減っている。しかしこの間、子どもの自殺者数だけは減少しなかった。全体の自殺者数がピークとなった2003年の小中高生の自殺者数は318人だが、2019年は399人と増加している。そして昨年は499人と、1年間で100人も増加した。当然、子どもの人口が減少し続けるなかでの数字であり、まさに異常事態といえる。

## 希死念慮に苦しむ子どもの目線に立った政策の必要性

　ではなぜ、子どもの自殺だけが減らないのか。それは「子どもの目線」に立った政策や支援が展開されていないからにほかならない。例えば、子どもの自殺を防ぐための相談窓口はいまだに電話相談が主体だが、現代の子どもたちは電話を使用することがほとんどない。総務省情報通信政策研究所が２０２１年9月に発表した「令和元年度 情報通信メディアの利用時間と情報行動に関する調査」によると、13～19歳の1日の平均利用時間として携帯電話は3・3分、固定電話が0・4分であるのに対し、ＳＮＳは64・1分だった。友人との会話などの日常生活においても電話ではなくＳＮＳを使用する現代の子どもたちが、深刻な悩みを電話で、しかも見知らぬ相手に打ち明けられるだろうか。

　こうした現状を踏まえて、国としてもＳＮＳ・チャット相談を支援する動きはあるが、いまだに「子ども目線」に立っているとは言い難い。子どもたちの自殺防止のための文部科学省のホームページは、２０２１年時点では電話相談窓口が大きく表示され、ＳＮＳ・チャット相談は最下部に小さく表示されているのみだった。さらに児童生徒向けの自殺予防啓発を目的として、２０２１年春に文部科学省が公開した動画の最後には電話相談窓口が大きく表示されている。この部分をＳＮＳ・チャット相談窓口につながるＱＲコード表示にするよう変えていく必要がある。これは、「電話相談窓口をなくせ」というわけでは決してない。これまで電話相談を中心に案内してきたものを、現代の子どもたちに合ったＳＮＳ・チャット相談窓口の案内に変えていく必要があるということだ。電話相談窓口とＳＮＳ・チャット相談窓口にはそれぞれの役割があり、自殺を防ぐという共通の目標のもとで互いに役割分担をしていけばいい。いまこそ、電話相談中心主義から脱却するべきタイミングだ。

しかし、ＳＮＳ・チャット相談窓口にも「子ども目線」ではない取り組みが存在する。文部科学省が、子ども本人が相談できるＳＮＳ・メール相談窓口として公開しているリスト[※13]を見てみると、多くの自治体がＬＩＮＥを使用したＳＮＳ相談窓口を開設していることがわかる。しかしながら、ＬＩＮＥは必ずしもすべての子どもが使用できるツールではない。ＬＩＮＥでは現在、アカウントを登録する際に電話番号の登録が義務づけられている。すなわち、電話番号を持っていない子どもたちは、相談はおろかＬＩＮＥにアカウントを登録することすらできないのだ。

２０２１年２月に内閣府が公表した「令和２年度 青少年のインターネット利用環境実

態調査」によると、本人専用のスマートフォンを持っていると答えた割合は、小学生41％、中学生84・３％で、必ずしもすべての子どもたちがＬＩＮＥを使える状況にないことがわかる。文科省は「ＧＩＧＡスクール構想」で生徒ひとりに1台ずつ配布しているＰＣやタブレット端末を活用したＳＮＳ相談の実施を想定しているが、この配布されるタブレットにはＳＮＳへのアクセスを制限するフィルタリングがかけられており、ＬＩＮＥを使用できない場合がある。さらに、相談が最も増える夜間にはタブレットの電源がオフになったり、そもそも家に持ち帰ることを認めない自治体もあり、課題は多い。

そして、ここにおいて一番の問題なのは、２０２１年2月4日の衆議院予算委員会で、自民党の鈴木貴子衆議院議員がこのことについて指摘するまで、文科省や地方自治体をはじめとする多くの関係者が、これらの問題が生じていることすら認識していなかったという点だ。子どもの自殺が増え続けたにもかかわらず、この10年間でほとんどメンバーを代えずに議論をしている、文科省の子どもの自殺防止に関する有識者会議の議事録を見る限り、この点について指摘した委員もいない。

また、「子どもの自殺＝いじめ」という固定観念が、子どもの自殺対策が進まない背景にある。２０１１年の大津市中2いじめ自殺事件など、加害者が存在する「いじめ」を原因・動機とする自殺はメディア等においてセンセーショナルに報道されやすいのだが、いじめを原因・動機とする子どもの自殺は極めて少ないのが実態だ。

実は、2020年の小中高生の自殺者数の原因・動機の上位10項目に、「いじめ」は入っていない。最も多かったのは「その他進路に関する悩み」の55人で、「学業不振」が52人、「親子関係の不和」が42人。一方で「いじめ」は6人しかおらず、「失恋」の16人よりも少なかった。自殺というのは、多様かつ複合的な原因と背景があり、さらにそれが連鎖するなかで起きているため、原因を一つに特定することは困難である。しかし、この統計は複数計上も可能であり、「いじめ」による自殺はそれほど多くない可能性が高い。

もちろん自殺の原因を調査する警察と、聞き取り対象である学校との間で定義に関する認識が違うなどの理由で、かなりの暗数があると思われるが、それはほかの原因・動機にも当てはまる。いじめの認知件数は2010年の7万7630件から、2019年には61万2496件と急増しているが、いじめを原因・動機とする自殺は2010年に4人であったのに対し、2019年には2人と減少している。

問題なのは、いじめを原因・動機とする子どもの自殺はそこまで多くないにもかかわらず、「子どもの自殺＝いじめ」という固定観念があることによって、ほかの原因・動機への対応や原因究明が進んでいない現状があるという点だ。子どもの自殺がいじめにより生じた疑いがある場合は、いじめ防止対策推進法に基づいて、事実関係と再発防止のための調査が学校や教育委員会に義務づけられている。いじめが原因・動機ではない場合も、文科省は学校や教育委員会に調査を求めているが、これは義務ではない。実際、「生徒が自殺未遂をしたとき、教育委員会が原因を問い合わせてきたが、いじめでないとわかると対応は学校と保護者任せになった」という教員の話もあるほどだ。本来であれば、原因・動機の内容に関係なく、すべての子どもの自殺において調査が義務づけられるべきだが、多くの政治家がエビデンスではなく、いじめ自殺に関するセンセーショナルな報道に流された結果、子どもの自殺としてはほかの原因と比べてそれほど多くない「いじめ」のみが調査義務の対象となる、チグハグな状況が生まれてしまったのだ。

本書の執筆時点で23歳の筆者は、いわゆる「Z世代」に属する。Z世代の特徴として、「分断ではなく共創」を重視するという点が挙げられている。批判する前に、共にわかり合える点を探り、そこから新しい知を生み出すということだ。筆者はこの考えに大いに共感し、実践しているつもりだ。しかし、この問題だけは別だ。全世代で自殺者数が減少するなかで、子どもと若者の自殺だけが増え続けたこの異様な状態を放置し続け、何ら有効な解決策を提示できなかった責任は極めて重いと考える。まずは過去の政策や取り組みがなぜ効果を発揮しなかったのか、徹底した検証が必要だ。

1995年に全国でたった154か所しかなかったスクールカウンセラーの配置は、2020年には3万か所を超えた。25年で約200倍に増加したのだ。しかしこの間、小中高生の自殺者数は3・6倍に増えた。このことについて、国会や有識者会議等では一度も議論されていない。NPO運営者の58・8％が65歳以上の高齢者だが、現場で活動しているからといって、自分だけは「子ども目線」に立っていると信じ込み、実態とかけ離れた取り組みや提言を行なっている支援団体も残念ながら数多く存在する。

私自身も小学生と高校生の頃に家庭問題で悩み、学校にも行けずに死にたいと悩んだ経験がある。人生のどん底で絶望感と孤独感に打ちひしがれ、死ぬ恐怖よりも生きる苦痛が上回った瞬間があった。そのときに少なくとも、国や支援団体から手を差し伸べられた経験はないし、自分の存在に気づいてくれているとも思わなかった。「子ども目線」ではない政策や取り組みによって、いまこの瞬間にも、同じように苦しんでいる子どもたちが増え続けている。

# 第4章

# 懲罰的自己責任論で苦しむ人々

## 「あなたのいばしょチャット相談」に集まる相談

第2章でも述べたように、イギリスなどの諸外国を含めて、これまで注目されていたのは「高齢者の孤独」だった。筆者は、2021年10月に姫路市で開催された、世界保健機関（WHO）の西太平洋地域委員会に出席した。その事前打ち合わせで、フィリピンのマニラにあるWHO西太平洋地域事務局の幹部が「Lonelinessというのは高齢者を中心とした問題である」と発言し、筆者が「全世代の問題です。エビデンスもありますよ」と訂正した。その幹部に特に悪気はなかったようだ。公衆衛生のプロフェッショナルであっても、ある種の固定観念として「孤独＝高齢者」と思ってしまうのだろう。

しかし、孤独は決して高齢者だけの問題ではなく、むしろ若者のほうが孤独を感じているということも第2章で言及したとおりだ。イギリス国内で実施された英国国家統計局（ONS）の調査では、若者が全世代で最も孤独を感じている可能性を指摘している。[※11] 若者の場合は、思春期における精神的発達の影響もあるが、受験・進学・就職など環境の変化にさらされており、孤独を感じやすい状況にあるということだ。

日本でも同じ状況が起きている可能性がある。自殺と孤独の関連については、注意深く見ていく必要があるが、自殺の背景・要因の一つに強い孤独感もある。そして日本の若者（15～39歳）の死因の1位は自殺なのだ。これは先進国では日本だけだ。若者の間では、病気や交通事故で亡くなるよりも、自ら命を絶つ人のほうが多いということになる。自ら命を絶つほど、誰にも頼ることができず、孤独を抱えて苦しんでいるという若者が大勢いるかもしれないのだ。

しかし現時点で、日本において全国的に孤独を感じている人の数を明らかにした調査はない。そのため、ほかの世代と比較したときに、若者がどれほど孤独を感じているかということは具体的にはわからないのだ。エビデンスが乏しい以上、軽々しいことは言えない。ただ、1日1000件近い相談を受け付けている「あなたのいばしょチャット相談」における データを分析すると、若者の孤独の深刻さが浮き彫りになってくる。

「あなたのいばしょチャット相談」では、すべての相談者に「あなたは孤独を感じていますか」というアンケートに答えてもらう。そのアンケート結果（期間：2021年4月1日～9月1日）を見ると、10～20代の相談者の39％が孤独を「常に感じている」と答えており、「しばしば感じる」と答えた35％と合わせると、実に74％の若者の相談者が孤独を感じていた。一方で、60代～70代の相談者の場合は59・3％だった。日本においては高齢者にまつわる問題として、「孤独死」や「孤立死」という言葉もあり、「孤独」と聞くと、多くの人が「高齢者の問題」と考えるだろう。しかしこのように、あくまで「あなたのいばしょチャット相談」を利用している人に限ってみると、高齢者よりも若者がより孤独を感じている。

では、実際に若者がどのような孤独を感じているのか、「あなたのいばしょチャット相談」に寄せられた事例を紹介する。

## 突然「助けてください」と相談がきた10代女性・Aさんの場合

まずは、10代の女性Aさんからの相談だ。最初にチャットに書き込まれた言葉は「助けてください」。私たちの相談システムが、相談内容などから自動判断した相談カテゴリーは「虐待」だ。

私たちには、虐待やDV、すぐにでも命を絶とうとしている方などからの相談については、独自のアルゴリズムで緊急性を判断し、緊急に対応する必要がある相談は、優先的に対応する仕組みがある。この相談も緊急性があると判断され、相談員がただちに相談支援を開始した。

相談者が発する最初の言葉は、人によって異なるが、多くは「〇〇で悩んでいる」といった、いま困っていることを話す場合か、「しんどいです」といった現在の感情を伝えてくれる場合の二つに分けることができる。今回の相談のような、「助けてください」といった言葉は異例であり、この最初の言葉だけをとってみても、緊急性の高いことが窺える。そのため、相談員はまず「いまAさんは、安全な場所にいますか」と安全確認を行なった。これは緊急相談の場合に最初に確認すべき事項で、身近に危険が及んでいる場合は、物理的にその危険から少しでも遠くに移動してもらう必要があるからだ。相談員は、「虐待」という相談カテゴリーと、「助けてください」という最初の言葉から、「虐待を受けていて、現在深刻な状況にある」と仮定して相談対応を始めたということになる。

この時点で相談員は、相談者が置かれた状況を、「直前に虐待を受けたか現在も虐待の最中」もしくは「まもなく虐待を行う者が帰宅するなどして、これから虐待を受ける可能性が高い」の二つと仮定している。そしてまずは、「隙をついて家を飛び出して、コンビニなどに逃げ込む余裕があるか」などの点を確認しようとした。しかし、結果的にそのどちらも当てはまらなかった。Aさんがいる場所は、自宅のベランダだったのだ。話を聴いていくと、毎日のように父親から性的虐待を受け、行為が終わったあと、ベランダに閉め出されて、そこで夜を明かし、朝になったら部屋に入れてもらえるという。母親はいなくて、父親と二人暮らし。その日も、ベランダで泣きながら、インターネットで検索した私たちの相談窓口に藁にもすがる思いで駆け込んだのだ。

こうした場合に私たちは、速やかに児童相談所に通告する必要がある。しかし、チャット相談の場合はいきなり「虐待を受けているんですね。では、いまから児童相談所（子どもを守る人たちと言い換える場合もある）に通告します」などと言ってしまうと、多くの相談者は「それは怖いです」「だったら大丈夫です」などと拒絶してしまう。チャット相談の利点でもあるが、相談者は自らの意思で簡単に相談を始めたりやめたりすることができる。そのため、拒絶されてしまうとチャットから退出してしまい、その場で相談が終了してしまうことがあるのだ。そうなると、本来であれば救える命も救えなくなってしまう。

今回のケースも、すぐに「児童相談所に通告します」と伝えるのではなく、まずは相談者との間で信頼関係を構築することを最優先とした。信頼関係の構築を優先する理由は、この場合はほかにもある。それは、A子さんがベランダという自殺を図ることが可能な空間に閉じ込められているという点だ。私たちの相談者のうち、虐待を受けている子どもの多くが、虐待から逃れようと苦しむあまり、自らを責めたりして、結果として強い自殺念慮を抱いている場合も多い。そのため、仮にA子さんが強い自殺念慮を抱いていた場合に信頼関係が構築されていない状態で、取り調べのように虐待の詳細、住所や連絡先などの個人情報を聞くことは極めて危険だったのだ。

私たちは「今日は相談してくれてありがとうございます。虐待について悩んでおられるのですね、おつらい状況だと思います。私たちがA子さんと一緒にできることを最大限考えていきますからね」という、相談してくれたことへの感謝と主訴の確認を行なった。するとA子さんは「児相や警察には絶対に通報しないでください」と訴えてきた。話を聴き進めていくと、A子さん自身に過去、児童相談所からの相談支援経験があったものの、「何も助けてくれなかった」のだという。虐待を受けている子どもからの相談に児童相談所への通告を伝えると「絶対にやめてください」という場合も多い。もちろん事態の深刻度によっては、本人が児童相談所への通告を拒否したとしても、通告を行うことはある。ただ、今回の場合は、A子さんとの信頼関係を築くことを優先する必要があった。

また、A子さんも「少しお話したいです」と、まずは対話をすることを望んでいた。その後、相談員とA子さんは共通の趣味が音楽であるということをきっかけにして、徐々に関係性を構築していった。1回の相談の目安は40分だが、このときは40分を過ぎても会話が続くほど、A子さんは少しずつ心を開いてくれた。親からの性的虐待という筆舌に尽くし難い苦難のなかで、凝り固まった他者への不信感を少しずつ解きほぐしていったのだ。

相談が終盤に差しかかったとき、相談員は改めて、「児童相談所の方とお話ししてみませんか」と投げかけを行なった。すると、相談の冒頭では絶対に児童相談所には連絡をしないでほしいと伝えていたA子さんが、「わかりました。相談員さんがそう言うなら、話してみます」と答えてくれるようになった。その後、最終的には児童相談所へつなぎ（通告）、継続的に支援していった。

改めて整理すると、A子さんは父親からの性的虐待を日常的に受けており、誰にも相談できずに苦しんでいる状況だった。A子さんの場合は、学校にもあまり行っておらず、友達も少ない状況。さらに父親と二人暮らしでほかに頼れる人はいなかった。虐待という困難な状況にあって、社会的にも孤立し、さらに孤独を深めていた。

## 明確な死にたい理由がわからない10代男性・Bさんの場合

別の事例を見てみる。相談者のBさんは学生だった。相談内容は「学校でいじめられているわけでもないし、友達や家族と仲が悪いわけでもない。だけど死にたいんです」というものだった。一見すると、自ら命を絶ちたいというほど、悩んでいるようには見えないかもしれない。しかし、こうした子どもや若者は数多くいる。多くの場合は、小さな悩みやもやもやが重なり合い、複雑性を増し、本人ですら自分が何に悩んでいるのかわかっていないといった場合がほとんどなのだ。実際に10～20代の自殺者の３人に１人は動機が「不詳」とされている。なぜ「不詳」が多いのかという点については、よくわからないとされている。だが、「なぜかわからないけど死にたい」という多くの子どもや若者からの相談を見てみると、悩みそのものが重層的であるため、そもそも動機を一つに絞ることが困難というのが実情のように思える。Bさんの場合も自分で何に悩んでいるかわからないが、漠然と死にたいという気持ちを抱えていた。

このような場合、相談員が行うことは「傾聴」だ。会話の中で相談者の気持ちを受容し共感を示す。そして、相談者自身を肯定して承認する。これを繰り返していくのだ。Bさんにも根気強く、傾聴をしていった。すると少しずつ、Bさんが抱える苦しさが明らかになってきた。Bさんが抱えていたのは、自分自身との葛藤だ。これまで比較的、成績の良かったBさんだったが、急に勉強へのモチベーションが下がり、成績も徐々に低下していったという。そのことによって、自分を責めるようになったのだ。家族や友人は、外からは見えにくい、Bさんの些細な変化に気づくことはなく、これまでどおりBさんと良好な関係を築いていた。しかし、それがさらにBさんを追い詰めることになった。

Bさんは「周りの人は支えてくれているし仲良くしてくれているのに、『自分』が勉強に取り組めないばかりに、どんどん状況が悪化している」と考え、自らを責め自分自身を否定する「自己否定ループ」に陥っていた。一度、自己否定ループに陥ってしまうと、そこから抜け出すことは極めて困難だ。特に子どもは、家族や同級生、教師など量的な対人関係は大人よりも充実している場合が多いため、協力的な支援を受けやすい環境にある。しかし、こうした環境はBさんのように「周りはこれだけ助けてくれているのに、結果が出ないのは自分のせいだ」と、責任の所在を自分自身に求める状況を作り、「自己否定ループ」に陥りやすいのだ。この自己否定ループから抜け出すには、前述した傾聴の中でも肯定や承認を積極的に行なっていく必要がある。

「本当によく頑張っておられます」などの言葉を相談員は次々とBさんに投げかけていった。Bさんは、相談の終盤、「はじめてほめられました。なんか涙が出てきました。生きてみます」と相談員に伝えてくれた。自らを否定することが習慣化していたなかで、相談員から投げかけられた言葉が、日常の張り詰めた緊張感を解きほぐし、自己否定ループから抜け出すきっかけにつながったのだろう。

このケースを踏まえて、改めて考えなければならないのは、Bさんは社会的孤立状態にはなかったという点だ。Bさんは常に家族や友人に囲まれていた。しかし、そうした環境がBさんを苦しめる要因になっていたことは先ほどお話ししたとおりだ。客観的に把握可能な社会的孤立のみに焦点を当てると、Bさんが抱える孤独の本質に気づくことはできなかっただろう。Bさんだけではなく、多くの子どもや若者たちが、社会的に孤立していなくても、周りの人には頼ることができず、ひとりで悩みを抱え苦しんでいる現状がある。こうした子どもや若者の孤独の本質への理解が社会的に乏しいことが、子どもや若者の自殺がなかなか減らない背景の一つにあるのだ。

AさんやBさんのような深刻なケースが相談窓口に寄せられることは決して珍しいこと

ではない。そうした人の多くが社会的に孤立していなくても、孤独に苛まれ、誰にも相談できずひとりで悩み苦しみながら、何とか相談窓口にたどり着いた子どもや若者たちだ。

前述したとおり、彼／彼女たちの孤独感は、私たちの窓口においては、高齢者よりも強い。私たちの窓口利用者では、若者がより孤独を感じているといえる。

## 自殺者の約7割が男性。そして中高年層が多い

自殺者数も若者が多いかといえば、決してそうではない。自ら命を絶つ人の数は、中高年が多い。自殺率（人口10万人あたりの自殺者数）が最も高いのが、50〜59歳で、２０２0年は20・6人だった。さらにその下のいわゆる「氷河期世代」と呼ばれている人たちの自殺率も高い。子どもと高齢者の問題については、国会やメディアなどで議論される機会も多いが、氷河期世代についてはほかの世代と比べてあまり扱われない。まさに「忘れ去られた世代」といえるだろう。

この世代は、就職難で非正規雇用を余儀なくされたりして、生活が安定しないなかで暮らしてきた人たちも多い。そして、この世代における自殺も深刻であり、本来であれば支

援策について真剣に議論されなければいけない。
氷河期世代を含む中高年への支援にあたっては、性別を問わず効果的な支援策を考えるべきだ。ただ事実として、日本において自殺する人の多くが男性であるという点を指摘しておきたい。2020年の日本の自殺者数は2万1081人、そのうち男性は1万4055人、女性は7026人で、男性が全体の66・7%を占めた。2019年の自殺者数（2万840人）に占める男性の割合は、68・6%（1万4290人）、2018年は自殺者数（2万1321人）のうち男性が占める割合は69・5%（1万4826人）だった。実に約7割の自殺者数は男性なのだ。そして前述したとおり、中高年の自殺が多い。自殺統計から見えてくるのは、中高年男性が多く自殺しているという事実だ。

しかしこれらの層は、チャット相談窓口をほとんど利用しない。私たちの相談窓口では、相談者の約7割が女性だ。ちなみに、私たちの窓口では、性別を「女性・男性・その他」から選ぶことができる。「その他」という表現方法についてはさまざまな議論もあるだろうが、自らのセクシュアリティについて比較的オープンな若者世代が多く利用する窓口として、「女性・男性」に限らない性別を選択肢を用意するのは当然のことだ。「その他」を選ぶ人は全体の約15％、「男性」と選ぶ人も約15％だ。男性はほとんど相談にこないということがわかる。これは私たちの相談窓口に限った話ではない。そのほかのＳＮＳ・チャット相談窓口でも同じような傾向だ。男性、ましてや中高年男性はこうした窓口をほとんど利用しないのだ。

もちろん女性の相談者数が多い背景には、女性が厳しい状況に置かれているということもある。実際、２０２０年は依然として男性の自殺者数が全体の約7割を占めるが、男性の自殺者数自体は前年比で23人減り、０・２％減、逆に女性の自殺者数は前年比で９３５人増え、15％増加している。この急激な変化については、新型コロナウイルス流行の長期化による雇用環境の悪化、２０２０年春の全国一斉臨時休校（以下、一斉休校）の副作用、芸能人の自殺報道などさまざまな要因が指摘されている。自殺は一つの背景・動機ではなく、複数の要因が絡み合って発生する以上、女性の自殺が増加した要因も一つではない。相談窓口に寄せられた声からは、コロナ禍で複数のストレス因にさらされながら孤独を感じ、必死に耐えてきた女性の姿が浮かび上がってくる。

例えば、二人の子どもを育てるある主婦は、一斉休校により育児と家事のダブルストレスと自殺報道により自ら命を絶ちたいと思うようになった。上の子は小学生、下の子はまだ幼かった。上の子が小学校に行っている間は、家事をしながら、下の子の面倒を見ることができたが、一斉休校により上の子の面倒も同時に見る必要が生じた。さらに夫がリモートワークで在宅になったが「家事を手伝ってくれない」ということで、家事負担だけが増加していった。感染予防のため、高齢の両親がいる実家にも頼れず、まさに八方塞がりだった。そうしたときに、芸能人の自殺報道があった。これまで命を絶ちたいと思うことはなかったが、報道をきっかけに自殺についても考えるようになっていったという。

そのタイミングで、幸いにも私たちの相談窓口を見つけて、話をしにきてくれた。私たちの相談員が傾聴を重ね、低下していた自己肯定感の向上につながるような言葉を次々と女性に投げかけた。「本当によく頑張ってきました」「あなたにしかできないこと、地道にずっとやってこられたのですね」「けっしてひとりではないですからね」などだ。相談をするうちに、「心がすっきりしました」「自分は生きていていいんだと思いました」といった言葉が返ってきた。周囲に頼れる人がおらず、ずっとひとりで孤独に耐えてきたなかで固く閉ざされた感情の扉を、相談員の言葉が少しずつ開けていったのだ。こうした主婦からの相談はほかにも多数あった。

コロナ禍で最も影響を受けた存在が主婦たちだろう。自殺者数で見ても、主婦の自殺は増加している。コロナ禍で、さまざまな年代・職業において女性の自殺が増加しているが、特に無職者・女子高生などの増加が顕著だった。内閣府男女共同参画局の報告書には、コロナ禍で女性の無職者の自殺が増えたが、特に主婦が深刻だとの指摘がある。※14

主婦の場合は前述どおり、育児と家事のダブルストレスや芸能人の自殺報道などで重層的な悩みを抱えやすい状況に陥った人が多かった可能性がある。また、主婦はＰＴＡやママ友コミュニティ、子どものいない家庭でもご近所さんとの付き合いなど、独自の対人関係を構築しているが、それらがコロナ禍でことごとく機能不全に陥ったということも、主婦が孤独を深める要因なのではないかと筆者は考える。これらのコミュニティは男性が子育てや家事に積極的に参加してこなかった結果として生まれたものだが、同時に主婦同士のネットワークを構築し、孤独を防ぐ役割もあったと考えられる。しかし、コロナ禍での「ソーシャル・ディスタンス」のもと、人とのつながりが制限された結果、主婦コミュニティでの交流もなくなった。これらのコミュニティが家庭の外での唯一の「いばしょ」だった主婦も多かっただろう。日頃の小さな悩みを共有し合ったり、家庭のグチを言い合うといった、何気ない行動が本人が意図せずとも、ストレス解消につながっていたということともある。コロナ禍でストレス因だけが増え、そのはけ口が失われた結果、主婦の自殺が増えたというのが有力な説ではないかと思う。

加えて専業主婦は「稼いでいない」ということによる、家庭や社会における自らの役割の喪失やいわゆるモラハラ・経済的DVを受けやすい立場でもあるという点について触れておきたい。仕事をしてその対価としてお金をもらうことで、家庭や社会における存在意義を認めてもらいたい、もしくは自分自身で認めているという人たちも多いのではないか。それ自体は否定されることではないが、だからといって「お金を稼いでいるほうが偉い」ということではない。そもそも民法752条は、「夫婦は同居し、互に協力し扶助しなければならない」と規定しているし、仮に夫が稼いでいたとしても、家事育児を担い、夫が人間として健康で文化的な最低限度の生活を営めているのは専業主婦である妻のおかげだ。

相談窓口に寄せられる専業主婦からの相談では、「夫からお金を稼ぐのがどれほど大変かという言葉を投げかけられる」という内容をよく聞くが、お金を稼ぐのが大変なのと同じように、家事育児をひとりで担うのも大変なのだ。そうした視点が欠落し、一方的に専業主婦に対して、モラハラや経済的DVを繰り返している人たちも数多くいる。「稼いでないやつが偉そうに言うな」とか「ずっと家にいるんだから我慢しろ」といった言動や、経済的DVを行うことで、自身の経済的優位性を利用して、歪な権力構造を家庭内に築こうとしているのだ。こうした歪な家庭内権力構造は、専業主婦の自尊心を傷つけ、自らの社会や家庭内での存在意義を喪失せしめることにつながる。そして孤独を抱え、自ら命を絶ちたいと思うほど苦しんでいる主婦は大勢いるのだ。もちろん、女性の専業主婦だけでなく、男性の主夫もいるため、これは男性や女性など特定の性別にかかわらず、発生することである点については留意されたい。

## コロナ禍では女子高校生の自殺も増加した

コロナ禍での女性の自殺で増加したのは、主婦だけではない。女子高校生も深刻だった。2020年の学生・生徒等の自殺は男女ともに増えているが、なかでも女子学生・生徒等の自殺者数は男子学生・生徒等よりも前年比で増加している。さらにその女子学生・生徒等の増加幅が最も大きかったのが、女子高校生だったとの指摘もある。[※14]

なぜ女子中学生でも女子大学生でもなく、女子高校生の増加幅が大きいのか、それについては、はっきり言って理由は不明だ。自殺対策は政策の効果検証ができるようには設計されていないため、例えば相談窓口の広報といった、自殺対策に関するある施策が女子中学生と大学生には届いて、高校生には届かなかったということも考えられる。しかし繰り返しになるが、効果検証ができないため、まったくもって女子高校生だけ増加幅が大きかった理由はわからないのだ。メディアでは「専門家」として、女子高校生の自殺増加の理由がさまざまな憶測とともに語られている（若者の自殺に関する専門家がいるとすれば、なぜこの10年間、若者の自殺が増え続けてきたのか、「専門家」として何をしてきたのかを問いただしたいが、それは別の機会とする）。

それらの専門家によれば、例えば「家庭にいる時間が長くなったことで精神的なプレッシャーがかかった」とか、「自殺報道の影響」などが理由として挙げられるそうだ。どれも間違いではないだろう。これも繰り返しになるが、自殺の要因が重層的なことを考えれば、専門家が指摘するこれらのことも、自殺の要因の一つとなった可能性は極めて高い。ただこれらは、女子中学生や女子大学生にも言えることで、なぜ女子高校生の自殺者数が大幅に増加したのかということへの説明にはなっていない。

高校生は就職するか進学するかといった、自らの将来についての判断を迫られる機会が多い。こうした機会において、将来に対する漠然とした不安を抱く場合もあるだろう。しかし、これは性別差が出るような話ではない。女子高校生と男子高校生の違いがあるとすれば、アルバイトの就労状況だ。

株式会社マイナビが2020年に実施した「2020年高校生のアルバイト調査」によれば、全国でアルバイトをしている高校生は19・4％で、そのうちの6割強が女性、男性は4割弱だった。すなわち、日本においては男子高校生より女子高校生のほうがアルバイトをしているということだ。同じく大学生を対象にした「2020年大学生のアルバイト実態調査」では、アルバイトをしている大学生の比率は72％となる。そして男女比を見ると、女性・男性が5割ずつでほぼ均等だった。アルバイトをしている高校生の6割強が女性という男女差は、大学生ではほとんど解消され、男女ともにほぼ同じ比率でアルバイト就労しているのだ。中学生は基本的にアルバイトはできないため、アルバイト就労が女子高校生特有の状況といえそうだ。

アルバイトの多くは多種多様な人と接したり、新たに人間関係を構築する必要があり、ストレス因を抱えやすくなる。そのため、女子高校生の自殺者数の増加幅が男子高校生や中学生よりも多かった一因となったのではないだろうか。アルバイト就労人口でいえば、女子高校生よりも女子大学生のほうが高いだろうが、高校生はアルバイトに加えて、大学の受験勉強といった別のストレス因を抱えやすい状況にある。このことが、学生・生徒等の自殺の増加幅のうち、女子高校生が最も大きかったことの背景にあると筆者は考える。

## 女性活躍が進めば女性の自殺者も増える

もちろん主婦や女子高校生以外でも、２０２０年の女性の自殺は増加傾向にあった。要因として、よく指摘されるのは、女性の非正規雇用の問題だ。総務省の２０２１年9月の労働力調査では、雇用されている働き手のうち、女性の非正規雇用の割合は54％にのぼる。同調査では、男性の非正規雇用の割合は21％のため、女性のほうが非正規雇用による不安定な労働環境で働いていることがわかる。また宿泊業・飲食サービス業、医療・福祉の分野は女性比率が男性比率よりも高いが、これらはコロナ禍の影響を大きく受けた業界だ。こうした数字を引き合いに、女性の自殺が増えた要因を、女性が解雇や雇い止めなど「雇用の調整弁」となっているからだと決めつける報道を頻繁に目にする。

だが、実態はそう単純ではない。２０２０年の女性の自殺の原因・動機を見ると、過去

5年の平均と比べて増えたのは「勤務問題」や「男女問題」だ。勤務問題で最も多かったのは「職場の人間関係」で、過去5年の平均と比べると約50%増加していた。また「職場環境の変化」も増加している。職場環境の変化については、コロナ禍での営業自粛などで、非正規雇用の女性がより影響を受けた可能性は否定できないが、「職場の人間関係」については非正規雇用の雇い止めや解雇などと関連づけるのは少々無理があるだろう。さらに2020年、「経済・生活問題」を理由に自殺した女性は、過去5年の平均と比較すると増加率は1・5%と微増だ。もちろんこの「1・5%」という数字の裏には、コロナ禍で生活が困窮し、将来への希望が持てず、孤独を感じて、自ら命を絶った非正規雇用の女性もいたはずだ。それに、これらの数字の根拠となっている自殺統計原票も警察官の聞き取りや遺書をもとに、死後に把握しているため、亡くなった原因や動機を100%正しく反映しているとは言い切れない。けれども、誤差はあるもののかなり正確な自殺統計を有し、それらを毎月解析している国は日本ぐらいであり、この自殺統計が日本の自殺対策を考えていくうえで最も重要な指標であることに疑う余地はない。

加えて、自殺統計原票を見ていくとコロナ禍での女性の自殺増の原因を非正規雇用の多さなどの構造上の問題に求めるのは間違いであることもわかってくる。繰り返しになるが、雇用されている働き手のうち、女性の非正規雇用の割合は54％、男性の非正規雇用の割合は21％だ。こうしたなかでなぜ、男性の自殺者数が約7割を占めているのだろうか。女性の非正規雇用の多さ、労働環境の不安定さが自殺増を招いているのであれば、非正規雇用の割合が低く安定した労働環境にある男性に自殺者が多いのは不自然ではないだろうか。女性の非正規雇用の割合が高いことが問題であることはいうまでもなく、女性が「雇用の調整弁」となっている現状もあるだろう。ただ、エビデンスを無視し、感情論だけで女性の自殺増の原因を作り出してしまっては、女性の自殺を防ぐことはできないのだ。

自殺や孤独の重症化を防ぐには「責任ある立場の人ほど周囲に頼りづらい」という点について理解し、対処していく必要がある。こうした点の理解が日本においてはまったく広がっていないため、このまま女性活躍が進めば進むほど、女性の自殺は増えていくだろう。

2015年8月に「女性の職業生活における活躍の推進に関する法律」（通称：女性活躍推進法）が成立し、常時雇用する労働者301人以上（2022年4月1日より101人以上）の企業には具体的な行動計画の策定などが義務づけられた。これまで日本の職環境には、明確な男女間の格差があり、性別による役割が固定化されていた。その結果、女性が個性と能力を発揮できる環境が妨げられていたのだ。

男女共同参画白書の令和3年版によると、管理的職業従事者に占める女性の割合は、2020年時点でアメリカは41・1％だが、日本は13・3％だった。ヨーロッパではスウェーデンが40・2％、イギリス36・8％、フランス34・2％（いずれも2019年）のため、日本の低さが顕著だ。また同じアジアのフィリピンでは、管理的職業従事者に占める女性の割合が50・5％（2019年）と半数を超えている。日本において女性活躍がまったく進んでいないという状況は、前述した女性活躍推進法に基づく民間の努力や、国が主導する各種施策により、徐々に改善されていくだろう。しかしそれは同時に、これまで男性優位社会で男性が強く抱えてきた「責任ある者は強くあらねばならぬ」「部下に弱みを見せてはいけない」といったスティグマを女性もより抱える可能性があるということだ。

これまで性別による役割の固定化がもたらしてきた、スティグマの男性偏重が、女性も同じスティグマを抱えることで是正されるという側面もある。絶望的な話であるが、女性の人口が多い日本で、自殺者の約7割が男性というのはあまりにも不自然であり、その原因を男性優位社会のもとでのスティグマの男性偏重に求めることが自然ではなかろうか。

男性優位社会で、責任ある立場につくのは多くが男性だった。女性は家庭に押し込められ、個性と能力の発揮できない状況を強いられながら育児家事をひとりで担う一方で、男性は「一家の大黒柱」としてのプレッシャーを抱えて企業戦士としてモーレツに働いてきた。前述したように専業主婦／主夫もまた孤独を抱えて苦しんできた事実はある。ただ、「悩みを吐き出すことは弱い人間である」といったスティグマ的思考のもとで、役職が上がるほど、周囲に相談もできず、ひたすら孤独に耐えてきた男性たちがいたことも事実だろう。そして多くの男性が自ら命を絶ってきた。

自殺統計を取り始めた1978年から2020年までの「男性」の自殺者数は75万926人。1948年から2020年までの交通事故死者数は「男女あわせて」63万9319人だ（e-Stat「道路の交通に関する統計／交通事故死者数について／2020」より）。70年間の男女あわせた交通事故死亡者数よりも、40年間の男性の自殺者数のほうが大幅に多いのだ。戦後の日本は、車両保有台数などが拡大したことで交通事故死亡者数が大幅に増加し、「交通戦争」とも呼ばれた。第一次交通戦争、第二次交通戦争を経て、近年では交通事故死亡者数は年間5000人を下回っている。一方で男性の自殺者数は、平成10年代の2万人超えよりは減少してきたが、それでも年間1万4000人を超えている。まさに「自殺戦争」とでも呼べる状態にあり、終戦の兆しはいまだに見えていない。

こうした中で、女性が企業をはじめとする組織の中で管理職的な役割を担うようになれば、これまで男性が感じていたスティグマで女性が苦しむことになってしまう。だからこそ、男性・女性といった性別に関係なく、責任ある立場の人であってもスティグマを抱えずに悩みや苦しみを周りに吐露できる環境づくりを急がなければならないのだ。女性活躍を進めるのであれば、本来このスティグマ対策は必須であり、政策の両輪であるべきだ。女性を「責任」ある立場に登用することを旗印に掲げながら、責任ある立場の人たちが苦しんでいる環境を是正しようとしないのは「無責任」ですらある。

残念ながら、現在の日本には、スティグマ対策という政策概念すら存在していない。責任ある立場の人を含めて、すべての人が「頼ることは弱いことだ」「誰かに相談することは負けである」といったスティグマを感じない社会にしなければならない。それができなければ、女性活躍によって女性の自殺者が増えるということにもなりかねない。スティグマ対策の詳細については、最終章で提言しているため、そちらを参照されたい。

## 責任ある環境で苦しむ40代・Cさんの場合

責任ある立場の人が相談しづらい環境を放置した結果、自ら命を絶つ。中高年男性の自殺にはこのような背景が多いと前述したが、彼らがどのような苦しみを抱えているのかを具体例から見ていこう。

Cさんという40代の男性から相談があった。Cさんは、「いますぐ命を絶ちたいです」という言葉から相談が始まる、極めて自殺リスクの高い相談者だ。私たちの相談窓口を訪れる中高年男性の多くは、悩みを抱えて逡巡したあげく、あなたのいばしょにたどり着く。その時点で、強い自殺念慮を抱えている場合がほとんどだ。私たちは、まずはCさんが、安全な状態にいることを確認したうえで、相談を開始した。

相談過程で明らかになった、Cさんが最も悩んでいることは、会社内での人間関係だった。Cさん自身は管理職で責任ある立場だったが、その責任ゆえに、部下とどのように接していけばいいのかわからなくなってしまったのだという。さらに、Cさんの上司からのパワーハラスメントもあり、社内のほぼ全方位にわたる人間関係で悩みを抱えている状態だった。社内に自らの心情を吐露できる人はひとりもおらず、会社に通うための電車に乗り込むことさえストレスを感じるようになった。家族はいるが、家庭では自らの弱みを吐き出せないという。まさに「父・夫として強くあらねばならぬ」といったスティグマを抱えて苦しんでいたといえる。そして会社では部下にも悩みを打ち明けられず、上司からは追い詰められる。常に心が張り詰めた極限状態のなかで、Cさんが導き出した答えは、自ら命を絶つということだった。だが、命を絶とうと考えたが「勇気が出ず」、偶然インターネット記事で見つけた私たちの窓口を訪れたという。

重層的かつ複合的なストレス因と出口の見えぬ苦しみを抱え、家族にも相談できずにひとりひたすら孤独に耐えていたのだ。相談員は、「ここはCさんが何でも話せる場所です。すべて私たちに吐き出してくださいね」と伝え、まずはCさんが抱えている感情をすべてチャットに書き出すことを提案した。チャット相談の利点は、自分のペースで、自分の感情をすべて書き出せることだろう。人はしばしば、重層的な悩みを抱えたときに、自らが何に悩んでいるかすらわからなくなることがある。それをすべてチャットに書き出し、読み返すことによって自らが何に苦しんでいたのかを客観的に理解できる。そのため、チャット相談窓口においては、相談員とのやりとりを重ねなくても悩みを書き出すことで「スッキリして、問題が解決しました」ということがよくある。

今回のケースではこの利点を活用し、率直な気持ちをすべてチャットに書き出すことを提案した。すると、前述したような会社における人間関係の悩みなどを次々と吐き出してくれた。私たちは、それらをすべて受け止めながら、Ｃさんがこれまでひとりで耐えてきたこと、一生懸命頑張ってきたことなどを率直に伝え、張り詰めた気持ちを一つずつほどいていった。傾聴を重ねた結果、Ｃさんは「少しずつ生きる勇気が出てきました」という言葉を口にしてくれた。相談員が報われる瞬間だ。会社でも家庭でもない、匿名で相談できる第三の居場所があるということをＣさんは知ってくれただろう。

私たちは、Ｃさんの会社や家庭に入っていって、人間関係などについて解決することはできない。また、もし仮に問題を解決できたとしても、その先の長い人生で抱える悩みのすべてを私たちが対処することなどとうてい不可能だ。悩みを抱え、孤独に苛まれた結果、誰にも頼れないときに「あなたのいばしょへ行けば話を聞いてくれる人がいる」と思い、生きる糧にしてもらうことこそが私たちが目指す相談窓口の在り方だ。Ｃさんは、相談員がＣさん自身にかけた言葉をお守りのように持ち歩き、また「しんどい」と思ったときは、「上司だから弱みを吐いてはならない」といったスティグマにとらわれることもなく、相談窓口を頼ってきてくれるかもしれない。

## 懲罰的自己責任論を塗り替えることが男性の抱える孤独を解消する糸口になる

しかし、かつてのCさんがそうであったように、組織の中で責任ある立場の人の多くは誰にも頼れずにひとりで孤独を抱えこんでいる。何度も言及しているように、「責任ある立場」という役割によって、周りに自らの弱みと認識される可能性のある「頼る・相談する」という行為が制約される。そうした状況に置かれると、「悩んだり苦しんだりするのは自分が至らないせいだ」という自業自得な感覚を自然に抱きはじめるのだ。そして、社会もそれを容認するため、懲罰的自己責任論に基づく自己否定ループに陥っていく。

この懲罰的自己責任論は、自己否定ループを生み出すだけでなく、孤独を抱えても誰にも頼ってはいけないというスティグマを強化していく。そのため、「自業自得」という考えに近い懲罰的自己責任論をいかにして乗り越えるかということこそ、望まない孤独のない社会を形成するための重要なポイントとなる。

そもそも責任という言葉の持つ意味は、時代によって変わってきた。アメリカの政治学者ヤシャ・モンクは著書『自己責任の時代』(みすず書房、2019年)で、「年長者世代は、責任とは人助けの義務のことだと考えてきた。一方、今日広く浸透している責任像は、極めて懲罰的（punitive）なのである」と述べている。すなわち、責任という言葉のもつ意味が、他者に対する義務的な責任から、いつしか「自分」の選択によって引き起こされる結果への責任に変質していったのだ。

こうした変化は、１９８０年代から90年代の米レーガン政権や英ブレア政権などによって広がってきた。モンクはレーガンの「私たちは、法が破られたとき、罪を問われるべきは法を破った者ではなく社会なのだ、という考え方を捨てなければなりません。いまこそ、誰もが彼の行動の結果に責任を負う、という米国流の原則を蘇らせるときなのです」という演説の一文を引用し、「社会レベルの構造的事情から各個人の責任への力点の移動」が政治の舞台においても噴出したと主張している。こうした責任に対する考え方は、米国内の右派・左派問わず共感を呼び、急速に広がっていき、世界に波及した。

日本においても小沢一郎が１９９３年に出版した『日本改造計画』（講談社）の冒頭で、アメリカのグランドキャニオンを訪れた印象をこう記している。

「国立公園の観光地で多くの人々が訪れるにもかかわらず、転落を防ぐ柵が見当たらないのである。もし日本の観光地がこのような状態で事故が起きたとしたら、どうなるだろうか。おそらくその観光地の管理責任者は、新聞やテレビで轟々たる非難を浴びるだろう」

日本人には「自己責任」の感覚が欠如していると警鐘を鳴らし、新自由主義の先導者となろうとしていたのだろう。実際は、首相となった小泉純一郎にその座を奪われたものの、今日、自己責任論は日本社会に深く根ざしている。いまの社会に根づいているこの自己責任論とは、「己の人生の責任はすべて自らが負うべきである」という考え方に基づき、不本意な結果への責任を懲罰的なやり方によって負わそうとするものである。この考え方は次第に「自業自得」という考え方へと変換されていく。結果への責任と行動への責任とが混在し、仮にネガティヴな結果が生じたとしても、それは個人が選択して行動した結果として起きたことであるため、社会の構造や環境要因に責任を求めるのは違うというわけだ。

この懲罰的な自己責任論はいま、家庭内にまで蔓延し、多くの子どもたちを自己否定ループへと追いやっている。いじめについて相談してくる子どもの多くが「自分が悪いけど」という言葉を用いる。周りに介入してもらうために助けを乞うというより、自らの行動によって「いじめられている」現状を変えたいからアドバイスがほしいといった論調だ。また、「学校の先生や親には心配をかけたくありません」と訴えてくる子どもも多い。悩みや苦しみを抱えたとしても、その責任は己にあるため、自分で何とかしなければならない。そして、「自分で何とかしなければならない問題」に対して、周りの人を巻き込み、心配させてはいけないという考え方が根底にある。こうした事例は、親との関係性が良好な子どもに当てはまることが多い。

しかし、こうした懲罰的な自己責任論に基づく考え方は、いわゆる「毒親」のもとで育った子どもや被虐待児などにとっては、さらに残酷な考え方になる。ヤシャ・モンクが著書で試みている、責任の所在を根本から見直すことに、筆者が比較的同意するのは、結果に対しての自己の責任を見出すことへの限界性を痛感しているからだ。「子は親を選んで生まれてくる」ということを盛んに発信する作家や宗教家がいるが、児童虐待死事件で亡くなった子どもの墓前で同じことが言えるのだろうか。虐待死のうち、生まれたその日に亡くなる「０日児死亡事例」も多数あるが、亡くなった乳幼児は数時間で亡くなるために親を選んで生まれてきたのだろうか。このような非科学的な言説に対して、色をなして反論しても意味はないかもしれない。しかし、人生の結果はすべて自己責任であるという自業自得にも似た懲罰的自己責任論と、根底にある考え方は同じであるように思う。

## 「親ガチャ」という言葉を生み出したのは懲罰的自己責任論に抗う子どもたち

いわゆる毒親家庭で育った子どもたちは、その苦しみと不条理のなかで、社会や家庭内に蔓延する懲罰的自己責任論に反駁する言葉を生み出してきた。その一つが「親ガチャ」だ。「親ガチャ」という言葉は、ガチャになぞらえて「生まれた環境」という結果についての偶然性を強調している。毒親のもとで「お前なんて産まなければよかった」「早く死ね」など罵声を浴び、暴力を振るわれても、親子関係はあくまで偶然性によって構築されているものであり、いま発生している苦しみは自分の責任ではないと自らに言い聞かせているのだ。そして、それは生まれてきた自分の存在意義を肯定することにもつながる。

すなわち、「親ガチャ」という言葉は毒親家庭で育つ子どもたちが、苦しみから逃れるために生み出し、紡いできた生き抜くための言葉なのだ。その言葉は2021年、大きな注目を浴び、同年のユーキャン「新語・流行語大賞」のトップ10に入っている。懲罰的な自己責任論が蔓延するなかで、当事者たちが「生きる」ために何とか守り抜いてきた言葉を、単に「親に不満を抱く子どもたちの言葉」として矮小化して伝えたメディアの責任は極めて重い。「親ガチャ」のように、懲罰的な自己責任論に対する反駁が、自己責任論で苦しんできた人たちによってなされたことはある種、自然な現象なのかもしれない。

ここで指摘しておかなければならないのは、この「親ガチャ」という言葉は、「人生は運の要素が強いし、社会構造や環境要因もあるのだから、結果に対する個人の責任などない」という単純な責任否定論とは一線を画すという点だ。この責任否定論という考え方は、懲罰的な自己責任論に対する反駁としてポピュラーであるが、これは個人の主体性を奪い、人生の無意味化を招きかねない。個人の選択が人生をつくり、自らを形成していくという自主性は、生きる意味を見いだすことにもつながる。さらには、人としての存在意義を形成する上でも重要な要素となる。「親ガチャ」という言葉も、生まれた環境や親子関係という結果に関する偶然性を強調することによって、人生に対する自己の責任を放棄しているため、表面的には責任否定論と同質なものに分類できる。

しかし、これはあくまでも当事者が、虐待や暴力という過酷かつ極限状態で「生きていくために」自らの主体的な選択として、個人の主体性を奪うことにもつながる責任否定論を展開した、いわば「主体性の自殺」を図ったのだ。単純に自らの責任を否定したわけではなく、個人の選択として人生をつくり、自らを形成していくという、「人間らしい」生き方ができる環境に達するためには、一時的に偽装的責任否定論とも言うべき「主体性の自殺」を図るしかなかったのだ。断定的に語れるのは、筆者自身の体験談だからだ。

断っておくが、筆者は責任そのものを否定しているわけではない。モンクは、「肯定的自己責任論」に基づき、主体的に選択を行い、他者のことも自ら選択をし得る責任ある主体としてみなすことの重要性を説いているが、筆者はこれに同意する。会社や家庭内での役割を含めて、自らが責任を選びとることで人は主体的に生きることができるし、他者もまたその人自身に対して責任を負う存在であると認識するからこそ、人は社会的関係を築くことができる。他者を、責任が負えない人間であるとみなした瞬間に、その他者を自分よりも劣位に置くことになる。そうなると社会的関係を構築するのは困難だ。責任に価値がなければ、人は社会的関係を築くことができないのだ。責任とは本来、人が社会的関係を築き、自らもまた主体的な選択を行うための重要な要素として認識されるべきものである。決して、懲罰的に自らを苦しめるものではない。

望まない孤独は誰もが陥る可能性がある。社会構造や環境要因によって、その程度に差が生じることはあっても、すべての人が感じる可能性のあるものだ。それを自業自得であると思う必要はない。自らの選択として、誰かに頼ればいいいのだ。

# 第5章

# 匿名相談チャットデータで見る "死にたい人"の思考

## 日々膨大なデータが集まる「あなたのいばしょチャット相談」

ＮＰＯ法人あなたのいばしょは、「データチーム」と呼ばれるチャット相談データを解析する部署を事務局内に設置している。また自殺予防の専門家である早稲田大学の上田路子准教授を理事に招聘したり、データサイエンティストにプロボノとして入ってもらうなど、データの活用を重視している。

こうした組織は、ＮＰＯではまだ少ない。私たちが大切にしていることは、「声を埋もれさせない」ということ。多くのＮＰＯは、支援ニーズが大きすぎるため、目の前の支援に手一杯となる。相談窓口も状況は同じだ。次々と寄せられる相談すべてに対応することはできず、逼迫している。目の前の相談に応じること以外に時間を割く余裕などないのだ。

しかし、相談窓口に集まる声の多くが、既存の制度の歪みによって生じた苦悩を抱えており、またその歪みが苦しむ期間を増大させている。そのため、相談窓口は声を受け止めるだけでなく、それを社会の側へと届ける役割を担っているのだ。すなわちわれわれの相談窓口というのは、集音器であると同時に、拡声器であるべきだ。声を受け止めるのみならず、その声を社会に伝えることにより、声が埋もれたまま制度の歪みが是正されない状況が継続するのを防がなくてはならない。

また、望まない孤独を生まない社会にしていくうえでも、予防的な観点が何よりも重要となる。そして予防をしていくためには、現状を詳細に把握することが不可欠だ。そのための場として、相談窓口は大いに活用の余地があるだろう。特にチャット相談窓口は、困難を抱える人たちが、自分の言葉で、「何がきっかけ」で「どう苦しくて」「何をしてほしいのか」ということを語る場所であり、その記録はテキストデータとして残る。

私たちの相談窓口には、１日80万字、文庫本で表すと8冊分にのぼるテキストデータが集まる。これらは日本のメンタルヘルスの状況を表す貴重なローデータだ。これらのデータを分析することで、例えば孤独に陥ったきっかけ（トリガー）や、過去の援助希求行動の有無などの情報を知ることができる。

そのきっかけをもとに、同じようなトリガーに接している人、もしくは接する可能性のある人たちにポピュレーション・アプローチを行うことができれば、孤独の深刻化を防ぐことにもつながる。

## データを用いた緊急性判断の自動化

都内にあるＮＰＯ法人あなたのいばしょの相談支援拠点には、二つのパトランプがある。一つは黄色いパトランプで、「自殺リスクの高い相談」が入ってきた際に点灯する。もう一つのパトランプは赤色で、ＤＶや虐待などに関する相談のうち、命に関する危険が迫っている場合に、けたたましい警告音と共に点灯する。相談支援拠点は24時間稼働しており、有給の職員が交代で勤務している。パトランプは拠点に勤務している職員に対して、緊急の相談が入ったことを知らせる役割を担っている。パトランプ点灯後の相談対応の流れなどについて、詳細を明かすことはできない。ただ、パトランプが点灯すれば、職員は危険が差し迫っている相談の内容を確認し、場合によっては警察や児童相談所など関連機関と連携して対応に当たる。

パトランプが点灯する条件についても同様に明かすことは難しい。詳細が明らかになれば、「意図的」に同じ条件を満たした相談がくる可能性があるからだ。そうなれば、本来支援を必要としていた相談を見つけ出すことが困難となる。そのため本書における説明は、極めて限定的となる。

毎日、膨大な数の相談が寄せられる中で、自殺リスクの高さや、警察や児童相談所などとの連携の必要性のある相談を見つけ出すことは容易ではない。相談件数が少ないのであれば、相談員が一つひとつの相談を目で見て判断すればいい。しかし、相談件数が多くなれば、目視で確認することはできない。あなたのいばしょでも相談件数が１日数十件だった頃は、それぞれの相談を相談員が目視で確認し、緊急か否かを判断していた。ただ、１日の相談件数が１０００件に達することが増え、こうした仕組みが機能しなくなったため、緊急判断を自動化したのだ。

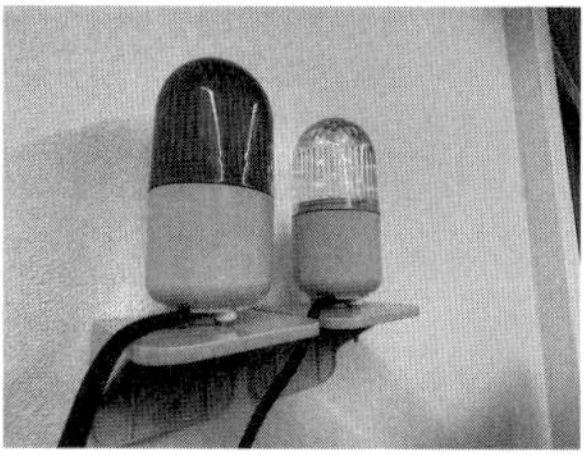
相談支援拠点に設置されたパトランプ

自殺防止の相談窓口として、「雑談をしたい」という相談と「いますぐ飛び降ります」といった相談では、後者を優先して対応する必要がある。数ある相談の中から、緊急性を判断する事は「命を守る」という観点からも極めて重要である。

チャット相談における緊急性判断の自動化は、相談者が自分で入力する基礎情報（ニックネーム・年齢・性別・居住地）やチャットボットでの会話内容等の情報に基づいて行う。こうした情報に基づいて総合的に緊急性の判断を行うアルゴリズムを開発することで、比較的高い精度で緊急性の高い相談を抽出することができる。現在、音声認識ＡＩの開発はかなり進んでいるため、電話相談の冒頭でＡＩと会話をしてもらい、そこから緊急性の判断を行うことは将来的に可能かもしれない。しかし、現段階においては、こうした緊急性の自動化はチャット・ＳＮＳ相談のみで実現可能な取り組みだ。あなたのいばしょでもこうした取り組みの一部をすでに始めており、緊急性判断は完全に自動化している。

こうした取り組みによって、緊急性があると自動的に判断された相談は、２０２１年４月から12月までの９か月間で、計２０１６件にのぼる。これは赤ランプ（ＤＶや虐待などに関する相談のうち、命に関する危険が迫っているもの）のみであり、黄色ランプ（自殺リスクの高い相談）を含めると、約７万件にのぼる。２０２１年４月から12月までの相談件数は、約17万件のため、「自殺リスクが高い」と自動的に判断された相談が全体の40％を占めるということになる。これは、たった９か月のあいだに、パトランプが７万回以上点灯したということでもある。この中には、当然、エラーも含まれる。アルゴリズムによって緊急性があると判断された相談でも、実際の内容を見てみると、緊急性が必ずしも高くないものも多数あるのだ。しかし、そうしたエラー事例を学習させていけば、アルゴリズムの精度も向上していく。「自殺を防ぐ」ために、チャット相談窓口はこうした新たなアプローチにも果敢に挑戦する必要があるだろう。

## チャット相談窓口に訪れる人々

チャット相談窓口を利用する人の多くが、女性であることは、これまで何度も記した。２０２０年４月から２０２１年12月までの相談件数、21万４５６３件のうち、女性は71・9％、男性は16・5％、性別をその他と答えた人は11・6％だった（グラフ①）。

この比率は、ほとんど変化することがない。女性からの相談が多い背景は第４章や第６章にて詳しく説明しているため、そちらを参照されたい。

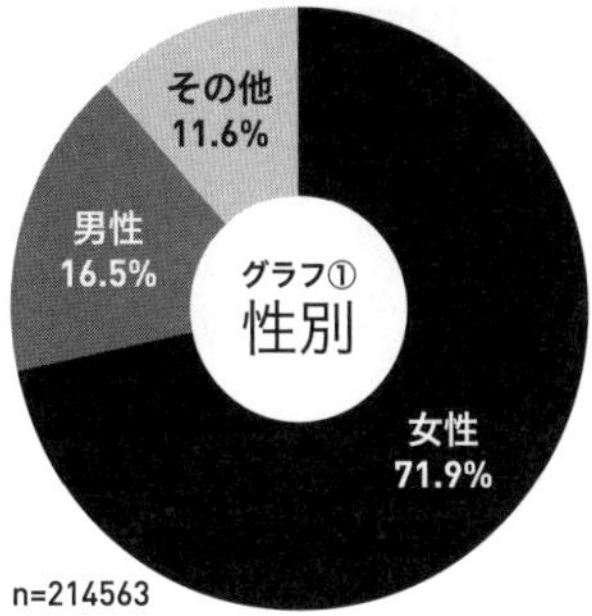


自殺者の約７割が男性という事実をふまえると、相談窓口は男性が相談しやすい環境をいかに作れるかということ

も重要となるだろう。あなたのいばしょにおいては、相談サイトのデザインについても、その点を注意して制作している。

例えば、色使いだ。厚生労働省が相談窓口について紹介している「まもろうよこころ」という特設サイトは、ピンク色が多く用いられている（https://www.mhlw.go.jp/mamorouyokokoro/soudan/sns/）。しかし、ピンクは一般的には「女の子らしい色」として認識されている。私はピンク色の服も好んで着るし、性別によって「らしい色」などを決めるべきではないと思う。ピンク色のランドセルも黒色のランドセルもあらゆる性別の子が背負い、それを肯定する社会にするべきだ。しかし、現実的にはピンクは女の子らしい色として認識されている。そうした中で、ピンクを多用したサイトは男性、特に中高年層にとっては相談しづらい要素となってしまう。あなたのいばしょでは、青色やオレンジ色などを用いて、男性を含めてあらゆる性別の人が相談しやすいデザインにしている。

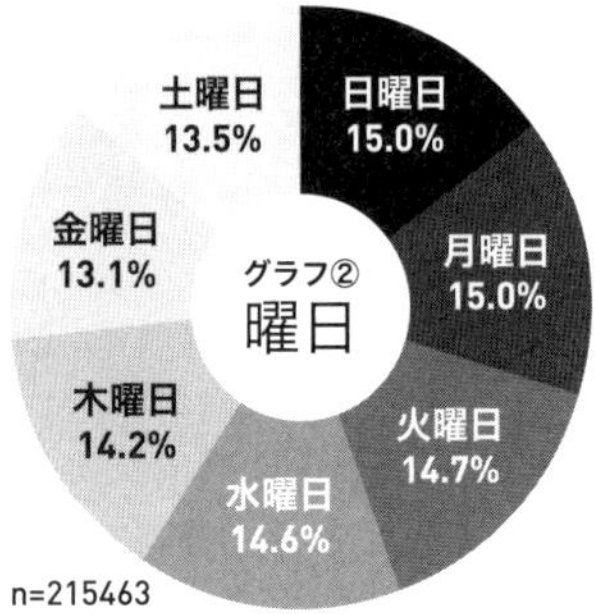


相談件数は曜日によって若干、異なる。グラフ②の円グラフでは、日曜日と月曜日がともに15％と同じ比率になっ

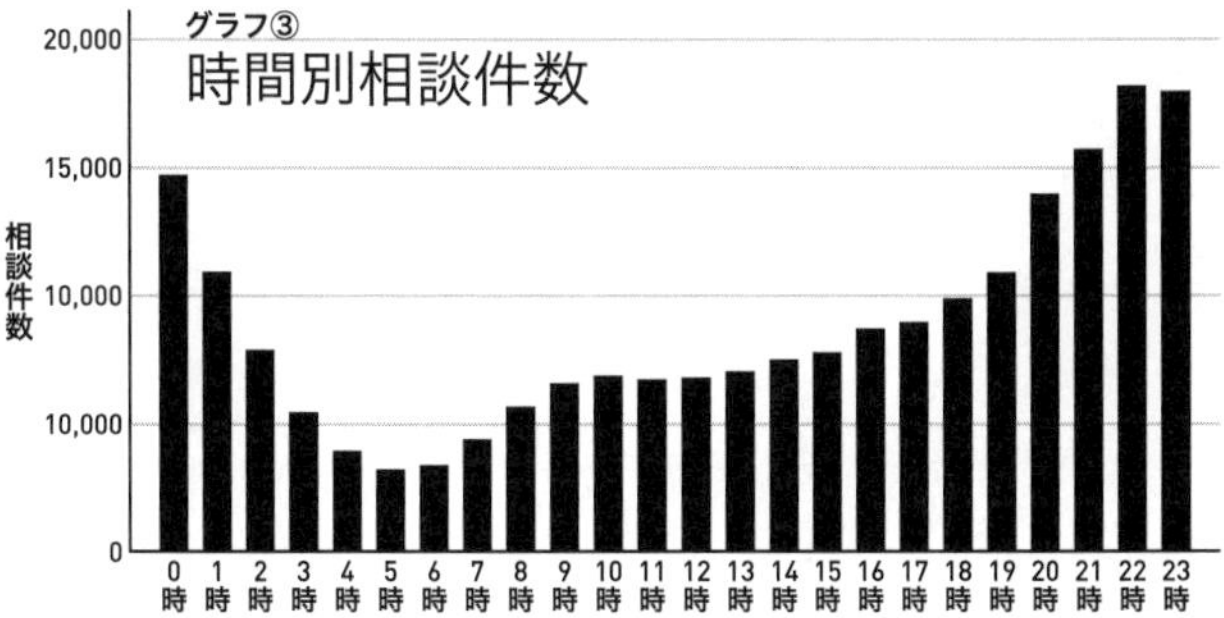


ているが、実際は日曜日の深夜、すなわち月曜日の0時以降の相談が多いため、実質的には、約20％程度が日曜日の相談ということになる。

日曜日が多い理由は、言わずもがな、月曜日に会社や学校に行くことへの忌避感からだろう。日本では、日曜日の夕方に放送されるアニメ番組を観て、「週末の終わり」を実感し、翌日の出勤・通学を憂うつに感じる現象もある。

また海外でも「ブルーマンデー（Blue Monday）」という言葉があるほど、現代社会における月曜日への忌避感は強い。あなたのいばしょ理事で早稲田大学准教授の上田路子氏らは、１９７４年から２０１４年までに日本国内で自殺した約90万人の死亡時刻を調べ、自殺の起こりやすい時間帯を明らかにしている。その研究[※15]では、40歳から65歳の中高年男性の場合、月曜日の朝に自殺する人が多いことが指摘されている。こうした研究成果や私たちの相談窓口のデータは、日曜日の深夜から月曜日の朝方にかけて、悩み苦しんでいる人が多くいることを示唆している。相談窓口を財政的にも支援し、ひっ迫が解消されたあとは、日曜日の夕方から夜にかけて、相談窓口の利用を促すテレビ広告などを出稿すると効果的だろう。

現在の相談件数の増加幅や、自殺者数、虐待認知件数、精神疾患を抱えている方の数などを見る限り、当分の間、ひっ迫が解消されたという状況は起こり得ない。ただ、窓口のひっ迫をまったく考えず、「自殺対策をしている」という成果のために、多くの地方自治体が相談窓口の広報を積極的に行なっている。やるのであれば、せめてこうしたデータを参考にして、効果的な施策にしてもらいたい。

## 相談データから見える地域ごとの違い

地方自治体は、相談窓口の広報以外の対策も行なっている。しかし、取り組みの熱量については地域差がある。日本においては、各都道府県の警察が、自殺者数を毎月把握しているため、自治体においても実態把握が容易である。そのため、自殺者数が多い地域ほど、対策には力を入れている。その反面、自殺者数が少ない地域は自殺未遂者をはじめとする、自殺統計には現れない人の存在が忘れられがちで、対策が進まないという「地域格差」も生じている。

各地域での対策を推進するため、あなたのいばしょでは、自殺者数とは違った指標を自治体に提供することを目指している。それが、「相談率」だ。これは人口10万人あたりの相談件数を表すもので、この数字を分析することで、各地域の違いが見えてくる。２０２１年の都道府県別相談率で、最も相談率が高いのは東京都（都道府県別人口ランキング１位）で１１６・８人だった。２番目に相談率が高いのは宮城県（14位）で、１０５・２人だ。その後の順位は、京都府（13位）、神奈川県（２位）、奈良県（29位）、埼玉県（５位）、千葉県（６位）、大阪府（３位）、北海道（８位）、滋賀県（26位）と続く。都道府県別相談率のトップ10には比較的、大都市圏が多いが、奈良県や滋賀県など、人口がそれほど多くない地域も含まれている。日本で最も人口が少ない、鳥取県は相談率では19位だった。

宮城県が、全国で２番目に相談率が高かった理由として考えられるのが、「不登校」の多さだ。文部科学省が毎年公表している「児童生徒の問題行動・不登校生徒指導上の諸課題に関する調査」によると、宮城県では２０２０年まで、人口１０００人あたりの不登校児童生徒数が5年連続、日本で最も高かった。不登校というのは、単純に「学校に行けない」という悩みだけではなく、友人や家族との関係性、勉強についていけるかといった将来への不安、学校に行っていないことへの後ろめたさからくるストレスなど、さまざまな悩みを招く。また、学校に行きづらい子どもを抱える親からの相談も多数寄せられることになる。不登校という問題は悩みを増幅させるのだ。そのため、相談率が全国で2番目に多い背景には、日本一の不登校児童生徒数がある可能性も十分考えられる。

この相談率は、人口10万人あたりの自殺者数である「自殺率」の都道府県別ランキングと比較すると違いが鮮明に見えてくる。相談率が高い都道府県は、自殺率のランキングでは軒並み下位に位置している。例えば、相談率が全国で最も高い東京都は、自殺率では40位。相談率が3位の京都府は自殺率では46位、相談率が4位の神奈川県は自殺率が全国で最も低い。自殺者の平均年齢と相談者の平均年齢には乖離がある点には注意が必要だが、自殺率が低い都道府県においても、相談支援体制の拡充を含めた取り組みを推進するための動機付けとして、この相談率については十分役割を果たすのではないだろうか。

これらのデータは私たちが持っているごく一部だ。ほかにも私たちのデータを分析すると「神奈川県では水曜日の夜の11時にいじめに関する相談が最も増える」といった情報がわかるのだが、神奈川県の学校に対して、帰りのホームルームでいじめの相談に関する啓発を行なってもらうように呼びかけることもできるだろう。とある地域に住む子どもからの自殺に関する相談が前月比で増えたら、その月は当該地域の各学校の最寄り駅で登下校

**都道府県別相談率と自殺率**

| 順位 | 都道府県 | 相談率 |
|---|---|---|
| 1 | 東京 | 116.8 |
| 2 | 宮城 | 105.2 |
| 3 | 京都 | 104.0 |
| 4 | 神奈川 | 103.9 |
| 5 | 奈良 | 100.5 |
| 6 | 埼玉 | 99.0 |
| 7 | 千葉 | 95.7 |
| 8 | 大阪 | 95.3 |
| 9 | 北海道 | 88.6 |
| 10 | 滋賀 | 87.2 |
| 11 | 茨城 | 86.6 |
| 12 | 兵庫 | 85.7 |
| 13 | 栃木 | 85.2 |
| 14 | 岩手 | 85.1 |
| 15 | 福岡 | 84.5 |
| 16 | 群馬 | 84.3 |
| 17 | 石川 | 83.7 |
| 18 | 富山 | 81.8 |
| 19 | 鳥取 | 81.1 |
| 20 | 山形 | 80.9 |
| 21 | 岐阜 | 80.7 |
| 22 | 愛知 | 79.3 |
| 23 | 静岡 | 78.2 |
| 24 | 岡山 | 77.5 |
| 25 | 香川 | 75.6 |
| 26 | 愛媛 | 74.4 |
| 27 | 長野 | 74.3 |
| 28 | 広島 | 74.2 |
| 29 | 山梨 | 73.0 |
| 30 | 佐賀 | 70.9 |
| 31 | 新潟 | 70.7 |
| 32 | 福島 | 70.6 |
| 33 | 和歌山 | 69.3 |
| 34 | 熊本 | 68.6 |
| 35 | 大分 | 67.0 |
| 36 | 青森 | 66.2 |
| 37 | 沖縄 | 65.7 |
| 38 | 島根 | 64.2 |
| 39 | 三重 | 64.1 |
| 40 | 秋田 | 63.9 |
| 41 | 高知 | 63.3 |
| 42 | 徳島 | 60.7 |
| 43 | 鹿児島 | 59.5 |
| 44 | 山口 | 59.3 |
| 45 | 宮崎 | 58.8 |
| 46 | 長崎 | 57.8 |
| 47 | 福井 | 57.7 |

| 順位 | 都道府県 | 自殺率 |
|---|---|---|
| 1 | 岩手 | 22.5 |
| 2 | 秋田 | 22.5 |
| 3 | 山梨 | 22.4 |
| 4 | 新潟 | 20.0 |
| 5 | 福島 | 19.5 |
| 6 | 群馬 | 19.3 |
| 7 | 高知 | 19.2 |
| 8 | 鹿児島 | 19.2 |
| 9 | 栃木 | 18.8 |
| 10 | 宮崎 | 18.7 |
| 11 | 和歌山 | 18.6 |
| 12 | 北海道 | 18.5 |
| 13 | 佐賀 | 18.3 |
| 14 | 青森 | 18.1 |
| 15 | 山形 | 18.0 |
| 16 | 富山 | 17.8 |
| 17 | 滋賀 | 17.8 |
| 18 | 宮城 | 17.6 |
| 19 | 岐阜 | 17.5 |
| 20 | 静岡 | 17.5 |
| 21 | 長野 | 17.4 |
| 22 | 愛媛 | 17.2 |
| 23 | 三重 | 17.1 |
| 24 | 長崎 | 17.1 |
| 25 | 沖縄 | 17.1 |
| 26 | 奈良 | 16.9 |
| 27 | 大分 | 16.4 |
| 28 | 福井 | 16.3 |
| 29 | 島根 | 16.2 |
| 30 | 茨城 | 16.0 |
| 31 | 兵庫 | 16.0 |
| 32 | 福岡 | 16.0 |
| 33 | 熊本 | 16.0 |
| 34 | 広島 | 15.7 |
| 35 | 千葉 | 15.6 |
| 36 | 香川 | 15.6 |
| 37 | 山口 | 15.5 |
| 38 | 徳島 | 15.5 |
| 39 | 埼玉 | 15.1 |
| 40 | 東京 | 15.1 |
| 41 | 石川 | 15.1 |
| 42 | 鳥取 | 14.4 |
| 43 | 岡山 | 14.3 |
| 44 | 愛知 | 14.1 |
| 45 | 大阪 | 14.0 |
| 46 | 京都 | 12.5 |
| 47 | 神奈川 | 11.7 |

相談率は2021年、自殺率は2019年、どちらも人口10万人あたりの件数と人数

時に相談を促す構内アナウンスを行なってもらうことも可能だ。このように、相談窓口には活用の余地が大いにある。私たちは、この貴重なデータをオープンデータとして公開したいと思っており、現在はその仕組みを整えている。当然、テキストデータをそのまま公開するというわけにはいかないが、個人情報が特定されないよう加工したうえで、自治体担当者や学校関係者、民間企業、研究者に至るまで、ありとあらゆる人たちが、このデータを役立ててほしいと思う。望まない孤独に誰も陥らない社会を実現するために。

## コロナ禍で寄せられる相談内容に変化が

あなたのいばしょを設立したのは2020年の3月10日。新型コロナウイルスの感染拡大に伴う、最初の緊急事態宣言が発令されたのが同年の4月だ。そのため、あなたのいばしょに寄せられる声を分析すると、コロナ禍で人々が何に悩み、苦しんできたのかをひもとくカギとなる。

まずはコロナ禍の初期に人々が何に悩んでいたのかということを明らかにしていきたい。相談窓口を開設して約1か月後の2020年3月28日から4月4日までの1週間に寄せられた相談で最も多く使用された言葉ランキングのトップ10には「自粛」「外出」が含まれていた。コロナ感染者が増加し、「外出自粛」という言葉をメディアやＳＮＳで頻繁に目にするようになった時期だ。

また、前の週に「家」という単語が使われた相談は全体の約12％だったが、３月28日からの１週間は約37％と３倍に増えた。加えて「自宅」「在宅」という言葉も前週比でみると増加していた。「家」「自宅」「在宅」を含む相談内容は、大きく三つに分けることができた。「①育児・家事のストレス」「②家に居場所がない」「③不安・ストレス→『ずっと家にいて、気持ちの切り替えができない』『自宅にいてもストレスだが、外出すると感染するかもしれないという恐怖を感じる』など」だ。

当時、最も多かった相談はこうした家庭に関するものだった。なかでも特に多かったのが「育児・家事ストレス」に関する相談だ。「コロナ」という言葉が使用された相談のうち、約36％が育児・家事に関することだったのだ。相談者の平均年齢は32・75歳、女性からの相談が９割を超えた。

「旦那や子どもが在宅で自分もストレスを感じているが、子どもたちもストレスを感じているから我慢するしかなくて苦しい」

「下の子がまだ小さいのに、小学生の上の子が休校で家にいるからストレスが大きい」

「家事が増えてストレスが溜まり夫と喧嘩してしまう。外出もできない」

「このままでは子どもを虐待してしまいそう」

という切実な相談も数多く寄せられた。

「コロナ」という言葉が使用された相談のうち、育児・家事ストレスの次に多いのが「経済的不安」に関する相談だ。相談者の平均年齢は27・5歳。性別は女性が7割、男性が2割、その他と答えた人が1割だった。都道府県別でみると、東京都、神奈川県、福岡県からの相談が上位を占める。「日雇いの仕事を探しているが、なかなか見つからない」など、経済的な不安を抱える人からの相談が増え始めた時期だ。こうした経済的な不安については、強い自殺念慮を抱く人からの相談が次第に増えるのだが、詳細については後述する。

3番目に多かったのが「家が安全な場所ではない」という相談だ。「コロナ」という言葉が使用された相談のうち、約20％がこれに該当していた。相談者の平均年齢は17・4歳。多くが未成年者からの相談だ。

3月20日から3月27日の1週間、会話の中で「虐待」という言葉が使われた相談は全体の約1・9％だった。それが、3月28日から4月4日では6・8％と3倍以上になった。また「暴力」という単語も2・8％（3月20〜27日）から9・2％（3月28〜4月4日）と、こちらも1週間で3倍以上増加していた。これらの数字を根拠として、コロナ禍の初期から、外出自粛の影響で「虐待」や「暴力」が増加していたと断定はできないが、「同居している親族から性的虐待を受けていて、家にいられない」「家にいると母親から暴力を受けてしまう」「毒親で悩んでいる。以前はアルバイトなどで家を空けて回避していたけど…」といった、家が安全ではない人たちからの相談は確実に増えていた。

政府はその後、1回目の緊急事態宣言を発令する。期間は2020年4月7日から5月25日までだ。私たちは相談窓口を開設したばかりだったが、1日に50件近い相談が寄せられていた。次ページのワードマップが示すように、この期間の相談の特徴は、「コロナ」や「不安」という言葉が相談内で多く使われていたという点だ。これは人々が「コロナ」という未知のウイルスに対する率直な不安感や恐怖心を吐露していることを表している。自分自身が感染することを恐れていたり、大切な家族が感染するかもしれないという不安を訴える相談者も多かった。

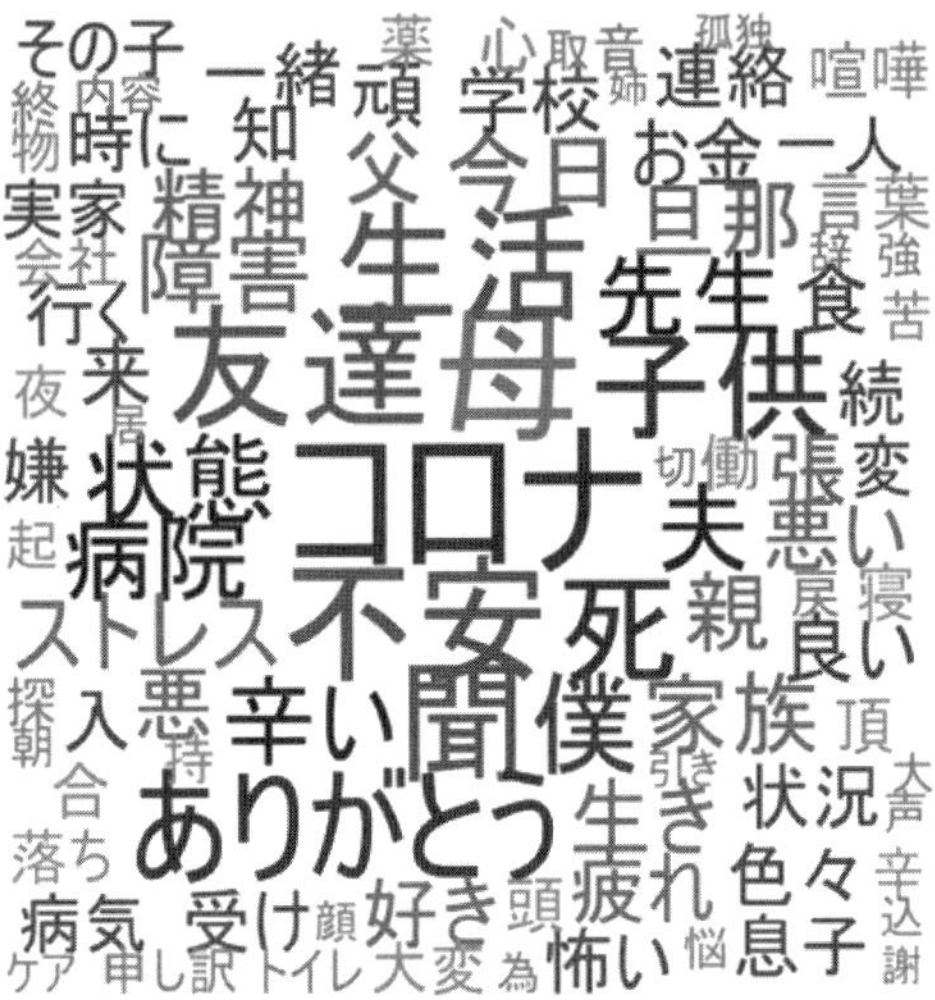

1回目の緊急事態宣言期間中のワードマップ

1回目の緊急事態宣言が解除されても、社会は日常を取り戻すには至らなかった。私たちに寄せられる相談も次第に膨れ上がっていった。学校は対面授業からオンラインとなり、新入生は友人関係を築く機会が奪われていた。学校は、学生に対して社会的つながりをつくる機会の代替案を提示することに失敗し、多くの学生はひとりで孤独に耐えていた。また家にいる時間が長引いたことによる、DVや虐待に関する相談も日に日に増えていった。

1回目の緊急事態宣言が解除された2020年6月1日から12月31日までの半年間に寄せられた相談件数は1万6178件。10代が29・4%、20代が32・6%で、全体の62%が

10～20代の若者からの相談だった。月別の相談件数も次第に増加していった。当然、相談窓口の認知が拡大したことも理由としてある。ただ、7月と9月に急激に相談が増加していることからもわかるように、この時期は著名な芸能人が相次いで亡くなったことにより、多くの人が悲しみや不安を抱いていた。その結果が、相談件数に表れているのではないだろうか。

2020年6～12月相談件数の推移

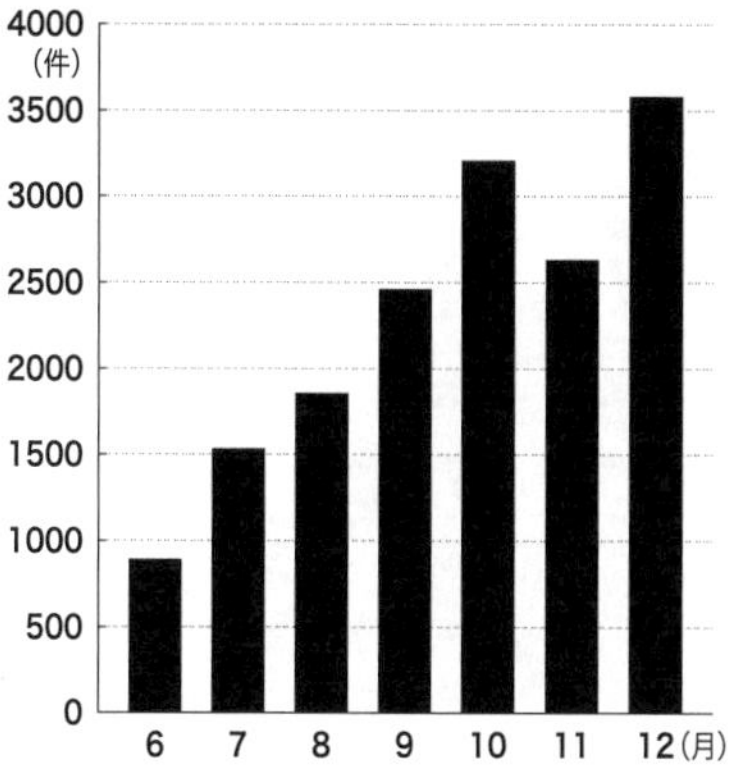


そして年が明けて２０２１年1月、政府は２回目の緊急事態宣言を出す。期間は２０２１年1月8日から２０２１年3月21日まで。この期間に私たちの窓口で使われた言葉を表すワードマップを先ほどの１回目の緊急事態宣言発令中のワードマップと比較すると、大きな違いがある。それは「死」という言葉がより頻繁に使われているという点だ。コロナ禍の初期、２０２０年春には育児・家事など比較的限定的なストレスを抱えていた人が、芸能人の自殺報道の影

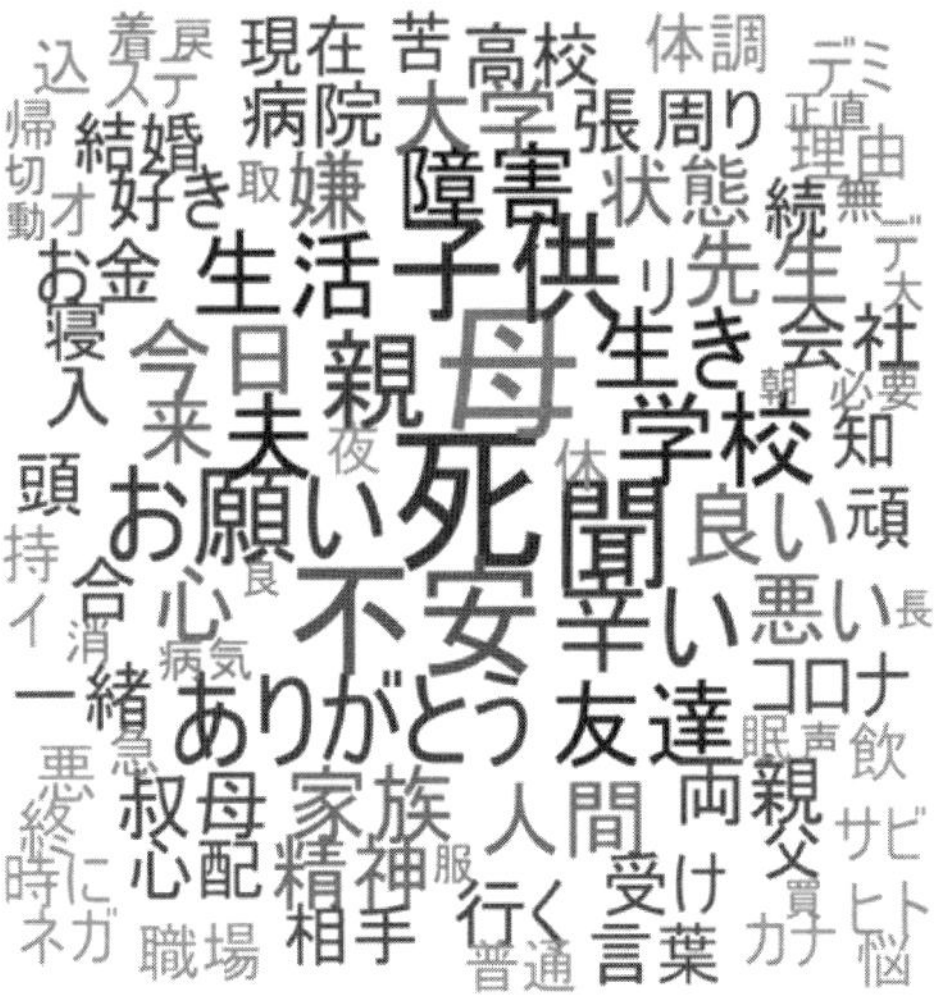


2回目の緊急事態宣言期間中のワードマップ

響を受けるなどして、徐々に重層的な悩みを抱えるようになった。その結果として「死にたい」と考える人が増えていったのだろう。2回目の緊急事態宣言が解除された2021年3月の1か月の相談件数は、8126件にまで増加していた。

1か月の相談件数が1万件を突破したのは、2回目の緊急事態宣言が解除されて翌月の2021年4月。相談件数は1万1084。つまり、1か月で2000件近く相談が増えたということになる。相談員の採用も積極的に行なっていたが、急増する相談に対応できず、応答率は低下しつつあった。

そうした状況で同月、3回目の緊急事態宣

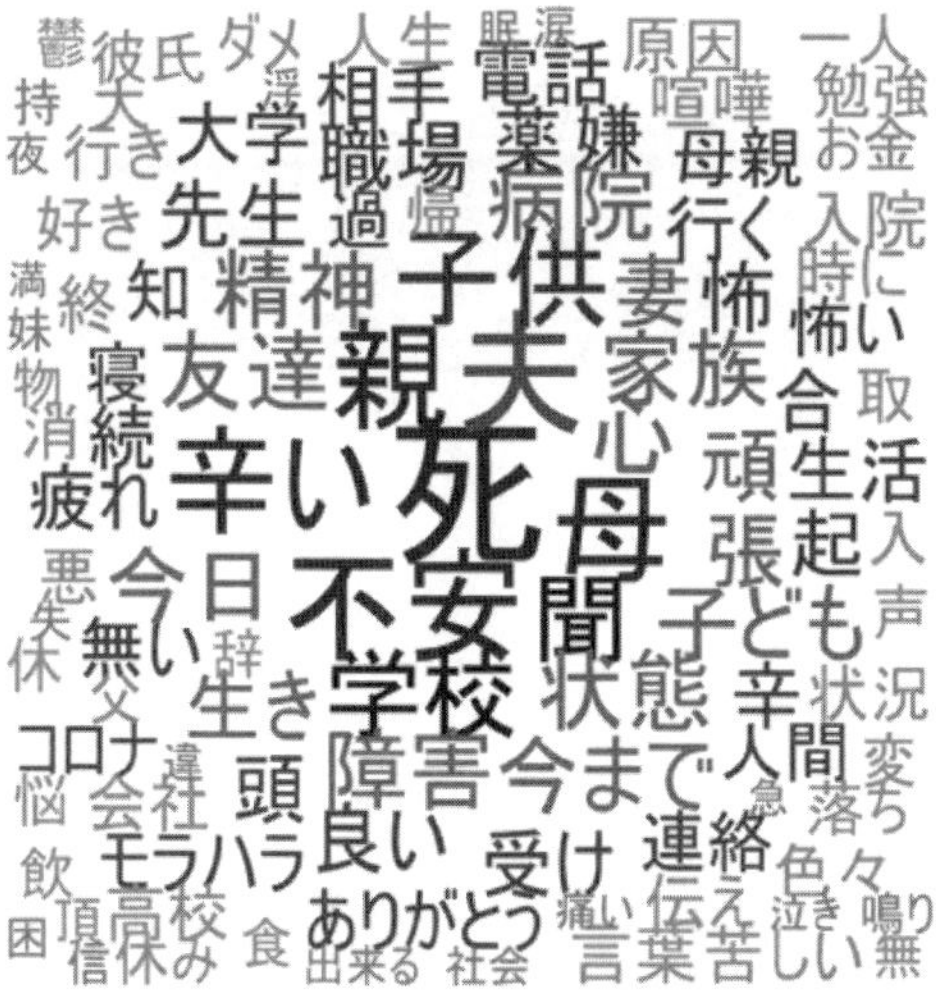

3回目の緊急事態宣言期間中のワードマップ

言が発令された。期間は２０２１年4月25日から6月20日まで。相談内容については、2回目の緊急事態宣言発令中と同じく、「死にたい」といったものが多かったが、特徴として「ありがとう」という言葉が使われなくなっていた。1回目と2回目の緊急事態宣言の際には、相談中に「ありがとう」という言葉が頻繁に使われていた。「ありがとう」は主に相談員に対しての感謝の言葉であり、相談員へ感謝の意を示してくれる相談者が使用していた。これは相談が急増したことにより、そもそも対応できる相談が減り、「ありがとう」という言葉が使われる相談があったとしても、対応できていない相談がそれを上回るようになったためだ。

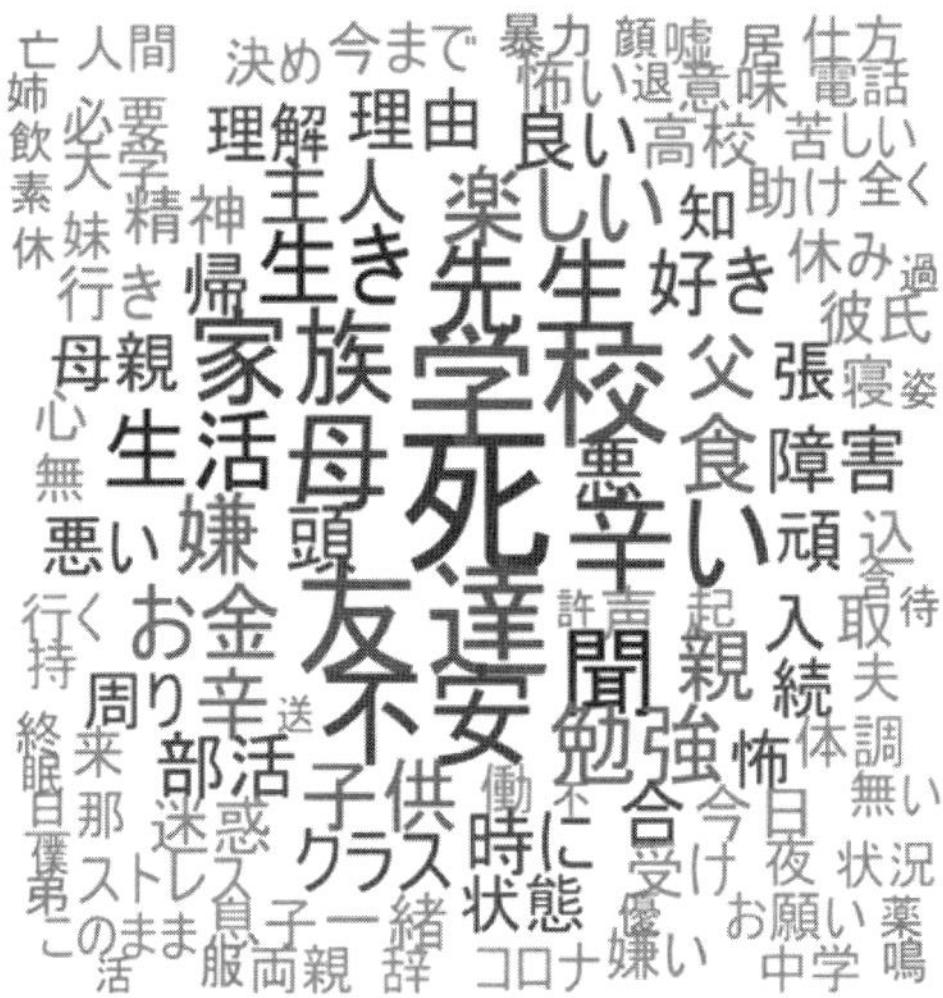


4回目の緊急事態宣言期間中のワードマップ

4回目の緊急事態宣言が発令されたのは、2021年7月12日。ワードマップを見ると、3回目の緊急事態宣言下と比較して、「学校」という言葉が急増していることがわかる。3回目の緊急事態宣言発令中に寄せられた学校関連の相談は全体の8・1%、4回目では14・4%になっている。このほかにも私たちの相談窓口で最も相談の多い「メンタル」カテゴリーに組み込まれている学校関連の相談も多数あった。

こうして全4回の緊急事態宣言発令中の相談で使われた言葉を見ていくと、その言葉の頻出回数に変化があることがわかる。左ページのグラフは、それぞれの緊急事態宣言発令中に、私たちの相談窓口で使われた言葉の使

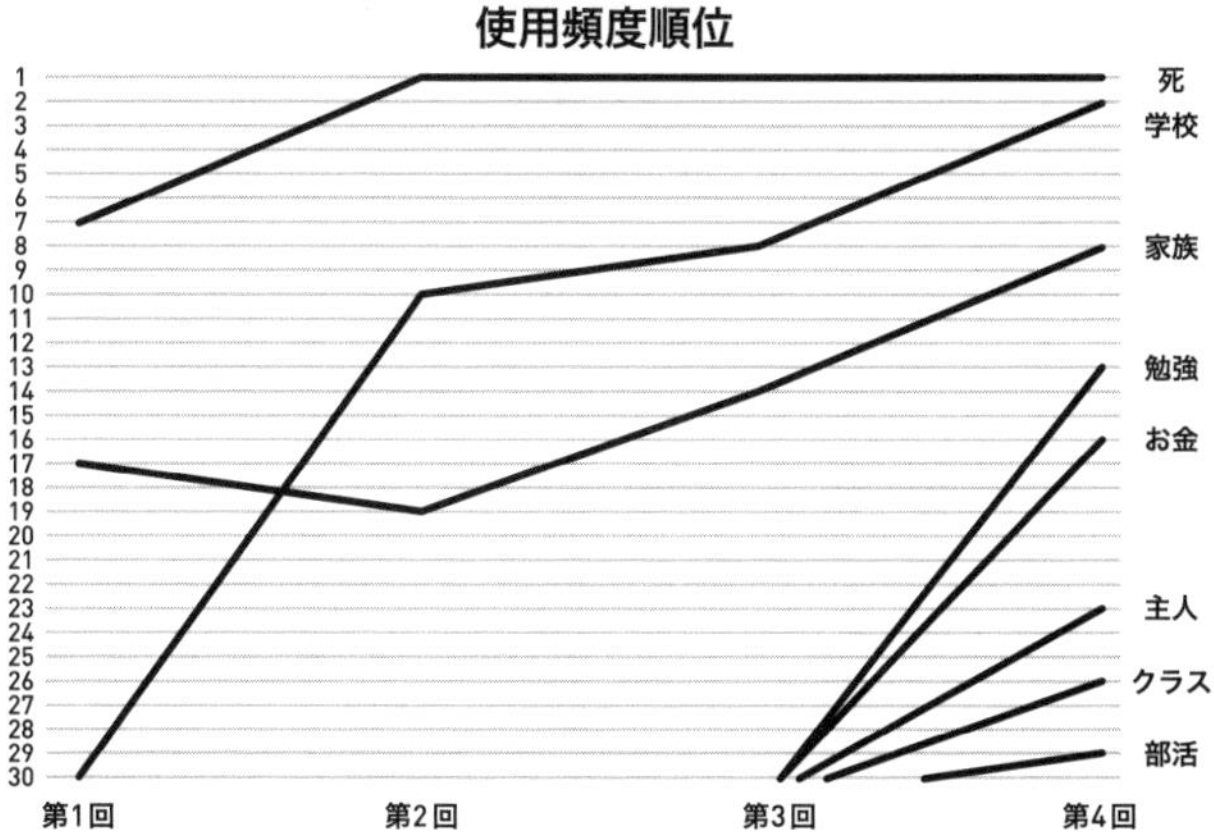

４回の緊急事態宣言で相談によく使われた言葉の頻度変化

用頻度順位を表したものだ。「死」について見てみると、１回目の緊急事態宣言下では７番目に多く使われた言葉だった。しかし２回目の緊急事態宣言下では最も多く使われた言葉になっている。繰り返しになるが、コロナ禍が進行するにつれて、人の悩みや苦しみが重層化し連鎖的に作用することで、「自ら命を絶ちたい」という思いを抱く人が増えていったとみられる。緊急事態宣言が発令されるたびに使用頻度が高まっていったのは「学校」という言葉だろう。１回目の緊急事態宣言下では、ほとんど使用されなかった「学校」という言葉が、２回目の緊急事態宣言下では10番目、３回目では８番目、４回目では２番目に多く使われた言葉だった。

「学校」という言葉が含まれる相談の内容を見てみると、「学校がいまオンライン授業になってて修学旅行も延期になるか不安です」や「コロナの濃厚接触者になったため今日を含め10日間は学校を休まないといけない」などコロナ禍の影響を色濃く反映する相談ばかりだった。また例年とは異なるイレギュラーな学校日程により、精神にも体調的にも不調をきたした子どもからの相談も数多く寄せられた。

## 経済的不安がもたらす影響

そのほかにも「お金」という言葉も3回目から4回目の緊急事態宣言にかけて、頻繁に使われるようになった。経済的な不安を抱えている人からの相談がほとんどで、「お金がなくなってメンタルがガタ崩れになり1年以上戻らない」「毎日お金の不安から、子どもに対して当たってしまう」といった話もある。経済的な余裕は心の余裕にも密接に関係している。実際、私たちの相談窓口を訪れる人の中で、最も慢性的に孤独感を感じているのは「生活・お金」について相談してくる人だ。生活・お金について相談してくる人の約53%が常に孤独を感じていた。

職業別に見ると「無職」が最も孤独を抱えており、実に60・2％が常に孤独を感じていると答えた。また孤独のみならず、「消えてしまいたいという気持ち（希死念慮）」と「いますぐ死にたいという気持ち（自殺念慮）」についても、「無職」がこれらを最も強く抱いていた。これらのことから、経済的な不安を抱える人への支援は、孤独感の軽減や自殺防止にも効果を発揮する可能性がある点への示唆を得られる。

**相談内容別の孤独感**　期間:2021年4月1日～2021年11月30日

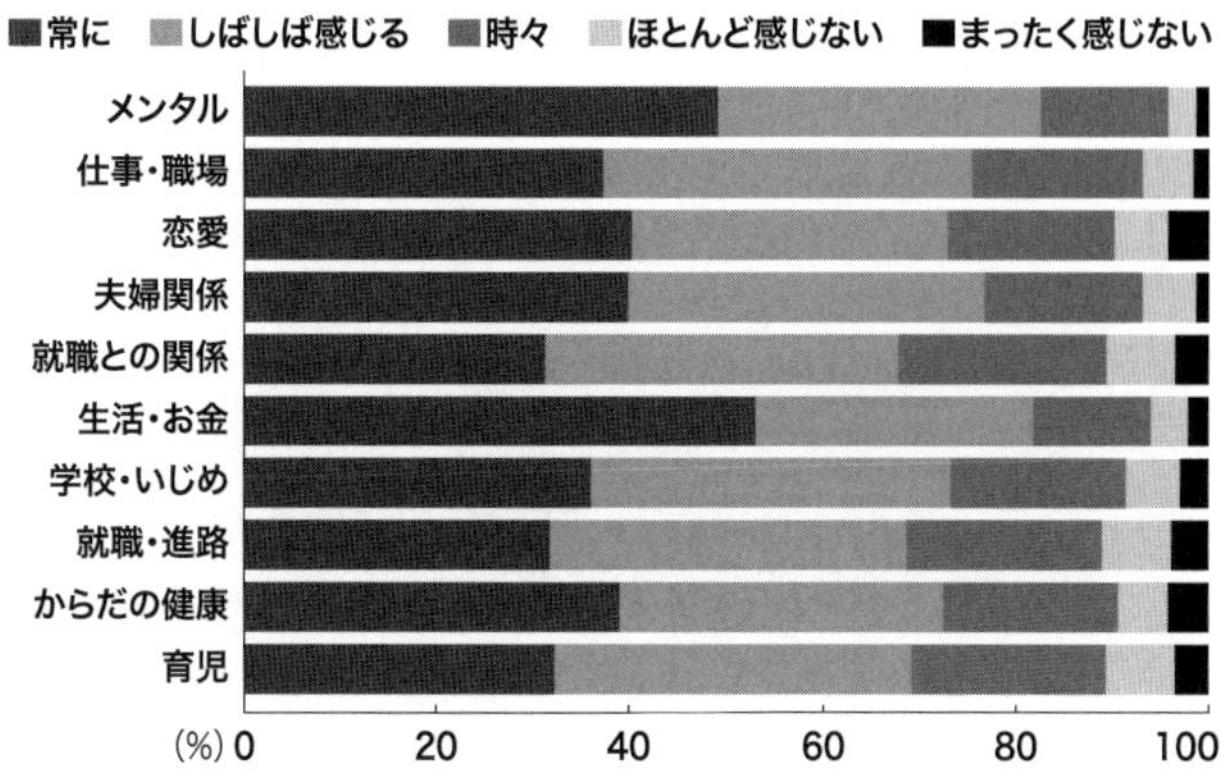


「生活・お金」について悩んでいる人の孤独感がもっとも強い

**相談者職業別孤独感**　期間:2021年4月1日〜2021年11月30日

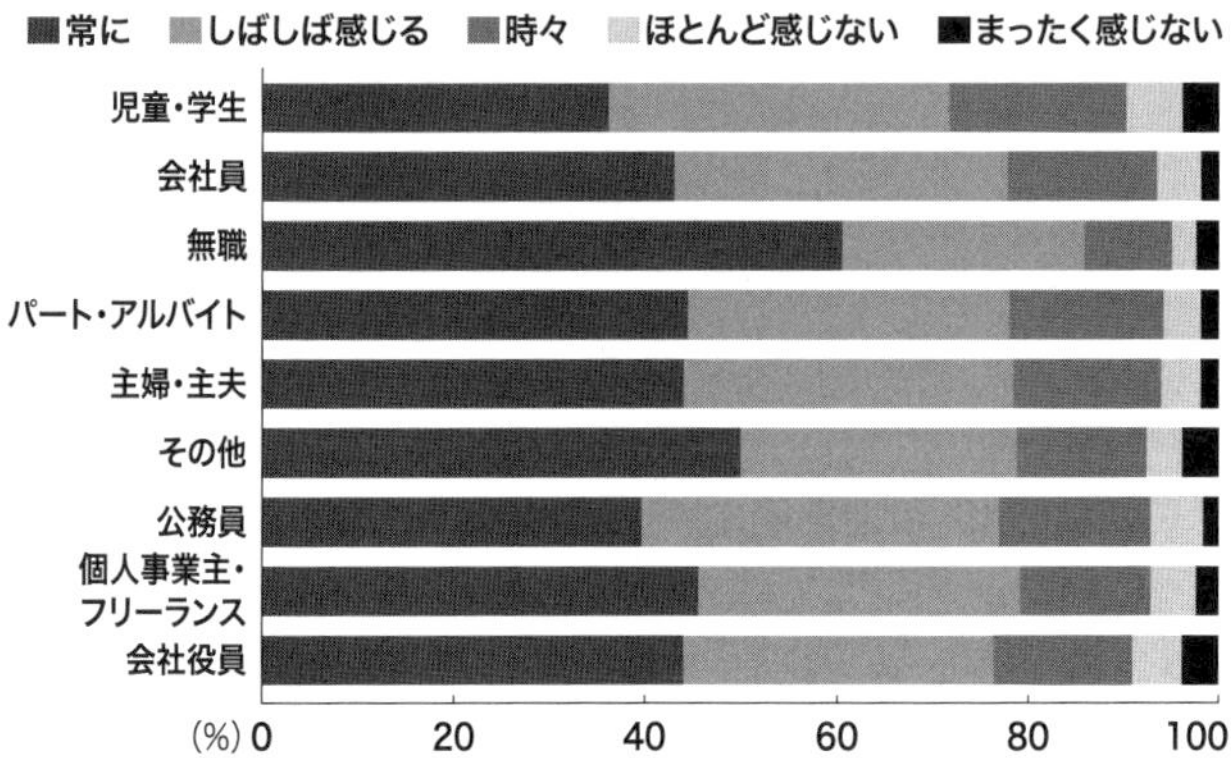


無職者の孤独感がもっとも強い

**相談者職業別希死念慮**　期間:2021年4月1日〜2021年11月30日

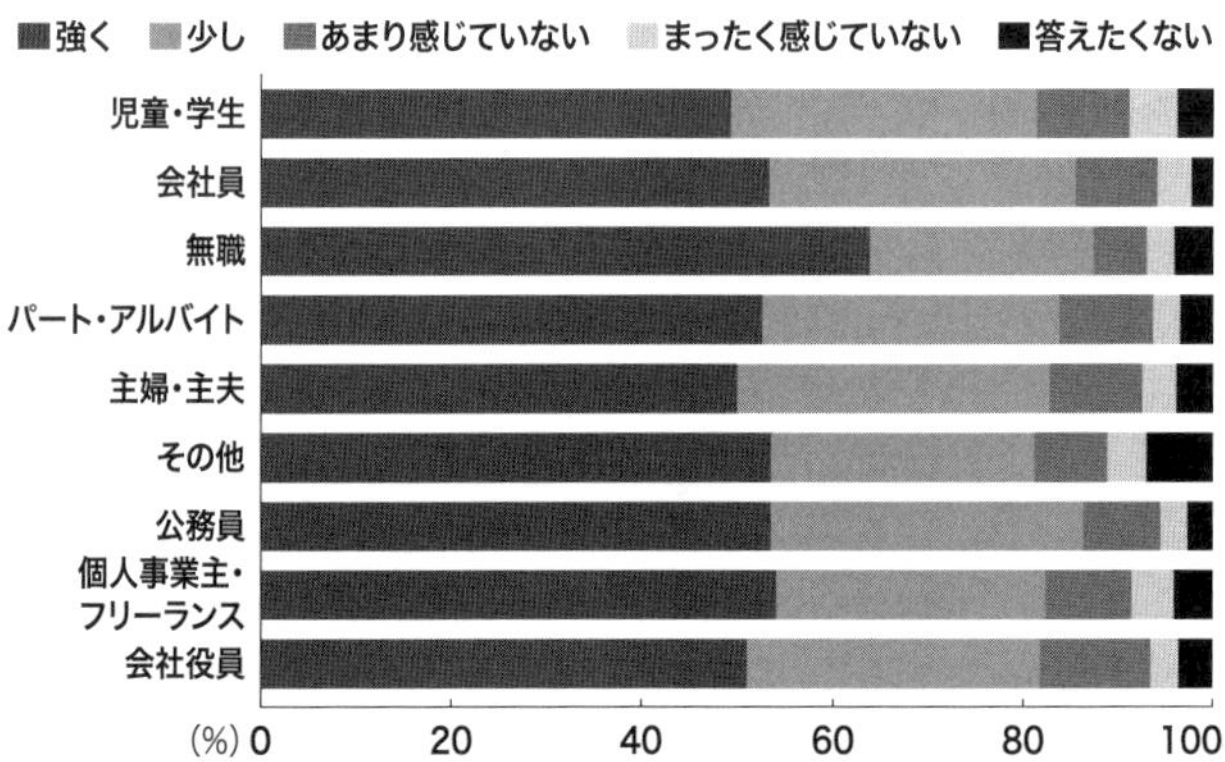


「いま、消えたいという気持ちを感じていますか？」という質問に対し

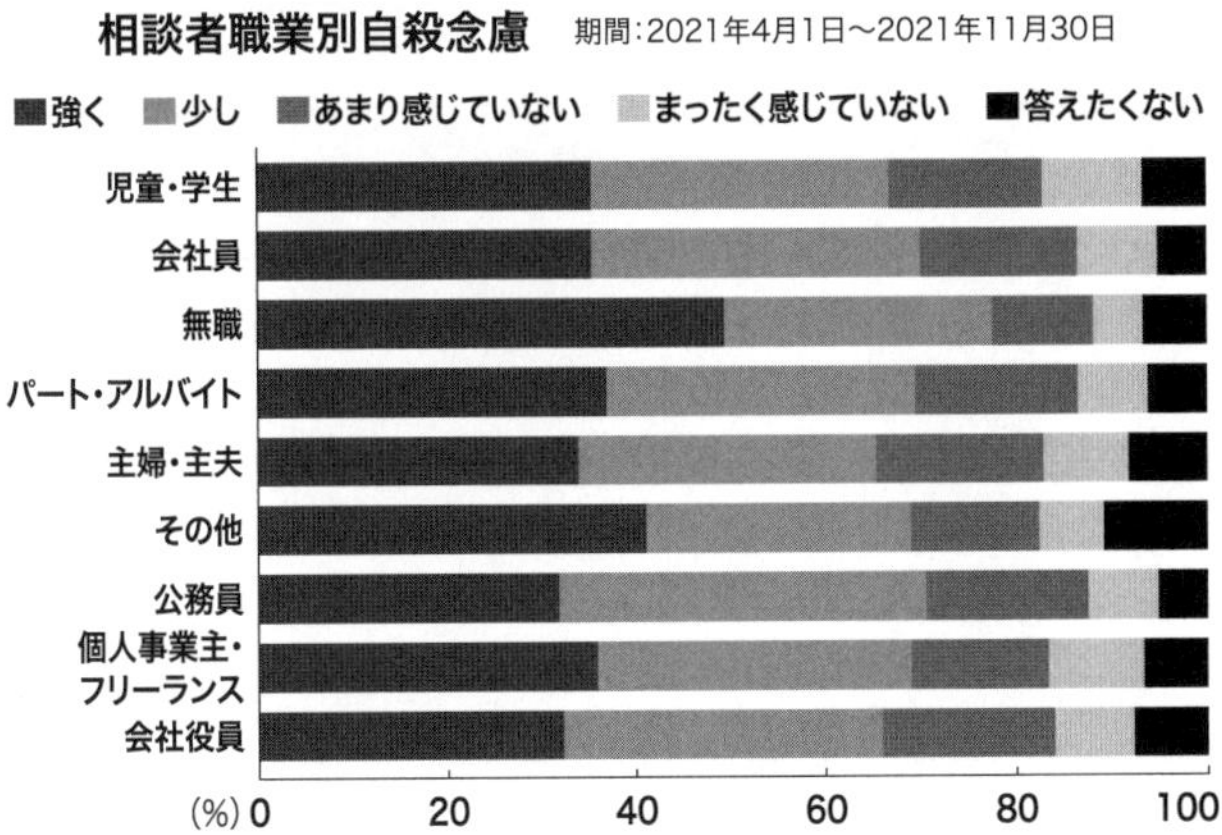

「いま、死にたいと感じていますか？」という質問に対し

# 第6章
# 世界が注目する日本の孤独政策

## 日本でも２０２１年に孤独担当大臣が設置された

２０２１年２月上旬のある日、筆者の携帯に着信が殺到した。政府関係者・議員・記者など、相手はさまざまだが、皆一様に「孤独大臣ができるよ！」と言っていた。

電話からほどなくして、政府は、社会的不安に寄り添い、深刻化する社会的な孤独・孤立問題について総合的な対策を推進するため、孤独・孤立対策担当大臣の新設と、内閣官房に孤独・孤立対策担当室の設置を発表した。筆者にとってはまさに青天の霹靂だった。自分が呼びかけてきた政策が実現したからだ。電話をくれた人たちも「あいつに伝えてあげなきゃ」との思いで電話をくださったのだろう。

筆者は「孤独対策」という名前すら存在していなかったときから、孤独の問題に社会全体で取り組むことを目指していた。根底にあったのは、いまの状況が続けば近い将来、社会のセーフティネットたる相談窓口が崩壊してしまうのではないかという強烈な危機感だ。

その頃、「あなたのいばしょチャット相談」には、相談が急増していた。開設直後からすべての相談に応じられる状況ではなくなったのだ。新型コロナウイルスの感染が拡大し、緊急事態宣言が発令され、人々のつながりが絶たれたことも背景にあったが、とにかく尋常でない数の相談が日々増え続けていたのだ。相談は、いずれも自ら命を絶つほど追い詰められている人たちからで、深刻な内容だった。

私たちは、海外在住相談員の登用など、独自のアプローチをとっていたものの、応答率は下がる一方だった。恐ろしいのは、勇気を出して相談にきてくれた人たちだけで、すでにひっ迫していたという点だ。頼るのが恥ずかしいとか、頼るのは負けだといったスティグマを感じ、相談したくてもできない潜在的相談者の数のほうが尋常ではない多さだったはずだ。

増え続ける相談に対応するため、相談員を増やそうにも、書類選考・面接・座学研修・実地研修の各プロセスがあり、簡単に採用することはできない。ひとりで悩みを抱えて苦しむ人たちを支える場である、セーフティネットとしての相談窓口が崩壊していく音が聞こえた。もちろんこうした現状を行政も理解している。特に国は、電話やSNS相談窓口（チャット相談窓口を含む）への支援に力を入れてきた。しかし、相談窓口を支援するだけでは、もはやセーフティネットたる相談窓口の崩壊が防げない段階に突入している。

これは、相談窓口への支援が充足しているという意味では決してない。支援しているといっても、イギリスなどと比較すると、支援の額は少ない。さらにその形態も相談窓口の実態に即しておらず、単年助成ではスーパーバイザーなど相談窓口の運営に不可欠な専門職の相談員を長期雇用できないし、交付金が振り込まれる時期は早くても夏であるため、4月から夏まではそれぞれの団体が独自に銀行のつなぎ融資を頼む必要もあり、銀行から断られたら事業継続（＝相談窓口の運営）ができなくなる可能性もある。日本政策金融公庫は、相談窓口へのつなぎ融資をほとんど行わず、私たちも断られてしまった。ほかの相談窓口も同様の状況で、ご理解いただける地銀などと独自に関係を構築していく必要がある。このように、まだまだ相談窓口への支援は不十分だ。ただ、繰り返しになるが、これら既存の相談窓口への支援を行うだけでは、相談増による窓口の崩壊は防げない。

　筆者はこの相談窓口と、そこへの支援にまつわる現状を川に例える。いまは、濁流のように相談が押し寄せてきているなか、最下流で懸命により強く広い壁を築こうとしている（相談窓口への支援）。しかし、激流の中で壁を築くことは困難だし、それだけでは不十分なのだ。やらなければいけないのは、そもそも雨を降らさないこと、そして、もっと上流でせき止めること。すなわち、「源流へのアプローチ」というわけだ。相談窓口は最下流に位置し、問題を抱えた人が最後の最後に勇気を振り絞って相談にきて、相談員が傾聴スキルなどを駆使して話を聴き、自殺を食い止める。しかし、そもそも相談窓口を利用しなくてもいい、すなわち、自殺をしようと思うほど重症化する前に、支援を受けられるような社会にしなくてはいけない。これが「源流へのアプローチ」が意味するところだ。

## 求められる、相談者にとっての源流へのアプローチ

では、相談者にとっての「源流」とは何か。具体的に「何」にアプローチすれば、相談窓口を利用するほどの心の苦しみの重症化を防げるのか。その答えを見つけるためには、多数の相談者が抱える問題や、相談者が置かれている状況の共通項を見つける作業が必要だった。最初に考えられる共通項としては、経済的な問題だった。

日本では、完全失業率と自殺死亡率に相関関係があると言われている。たしかに、私たちの相談窓口で、「死にたいと思う気持ち」「消えたいと思う気持ち」の強さを聞いたところ、それぞれについて最も「強く感じる」と答えたグループは、職業別でみると「無職者」、相談内容別では「生活・お金」だった。これらは時期や社会的なイベント発生（新型コロナや芸能人の自殺など）によって順位が変動することはなく、常にトップである。

やはり、経済的な不安などから自殺を考えるほど追い込まれた末に相談窓口を利用する人たちは一定数いることがわかる。

ただ、「すべて」もしくは「ほとんど」の相談者に共通しているかというと、疑問が残る。特に子どもや若者の存在だ。子どもや若者の自殺の原因・動機の多くは、「学校問題(学業不振等)」「家庭問題(家族からのしつけ・叱責等)」「健康問題(病気の悩み・影響・その他の精神疾患)」で、経済的な問題は少ない。親が失業したことで経済的不安を抱え、それが子どもに影響を与える場合もあるが、子どもや若者が抱える問題として共通項となるほど普遍的ではない。

相談者にとっての「源流」にアプローチする際、次に考えられるのが「社会的孤立」だ。社会的孤立に陥ったことにより、誰にも頼れず、ひとりで苦しむ可能性がある。相談者が抱える共通項を洗い出すための推論としては、十分に成り立つように思えた。なぜなら相談者の中には孤立している人もいることは間違いないからだ。上京してひとり暮らしを始めたものの、友人がおらず、仕事の成果に悩んで自ら命を絶とうと思うほど苦しんでいる新社会人。シングルマザーで実家や友人の支援もなく、ひとりで必死に「孤育て」をしている女性などだ。年齢や職業などの背景こそ異なるが、間違いなく社会的に孤立している人たちだ。

一方で、すべての人が孤立しているかというと、それは違う。本書の冒頭で孤独と孤立の違いについては説明したが、孤立しているすべての人がひとりで苦しんでいるとは限らない。ひとり暮らしで友人や家族との関係がほとんどなくても、全然へっちゃらという人もいる。特に子どもは、家庭や学校など周りに人がいる環境のため、大人に比べると孤立しにくい。しかし、親や学校の先生、スクールカウンセラー、友人など、周りに人はいても「心配をかけてはいけない」などの理由で相談しない、頼れないという状況も起きている。悩みを抱えている人が、社会的孤立をしているという前提で支援を組み立ててしまうと、子どもたちのように社会的には孤立していないが、孤独を抱え苦しんでいる人は支援の対象に入りづらくなる。社会的孤立についても、「すべて」もしくは「ほとんど」の相談者の「源流」へのアプローチとしては不十分なように思える。

経済的問題も社会的孤立も、たしかに相談者の多くが抱えている問題で、人を追い込む要因になっていることは間違いない。ただ、これらの問題について、源流へのアプローチとして対処したとしても、経済的問題や社会的孤立が相談者全員の共通項ではない以上、将来的に相談窓口のひっ迫を防ぎ、セーフティネットを維持できるのかには疑問を感じる。

重要なのは相談窓口がひっ迫しているという背景をふまえて、「すべて」もしくは「ほとんど」の相談者が抱えている問題を洗い出し、それに対処していくことなのだ。そして私たちが導き出した相談者の共通の問題が、「孤独」だった。

そもそも、筆者があなたのいばしょを立ち上げたときに掲げた法人としてのミッションは「望まない孤独をなくす」ということ。筆者自身の「まぁまぁなハードモード人生」で感じていた苦しみを形容する言葉として、最も的を射ていると感じた言葉が「孤独」だったからだ。「望まない」という言葉を付け加えたのは、本書冒頭でも述べたように、「孤独を愛せ」「孤独が人を強くする」といった間違った孤独の解釈を叫ぶ人たちがいる現状で、いらぬ誤解を生まぬためだ。自ら望んでひとりでいる状況で、本人は何ら苦痛を感じていない積極的孤独（Solitude）は、この「望まない孤独」には含まれない。あくまで消極的孤独（Loneliness）だけを指している。

そして、多くの人が抱える孤独について社会全体で取り組むことができれば、30年、50年、１００年後であっても、日本において「必ずつながる」相談窓口、すなわちセーフティネットが維持できるはずだ。

孤独が相談窓口のひっ迫を招いている大きな要因の一つだと確信した筆者は、この問題について社会全体で取り組む体制の必要性を痛感していた。日本では孤独に対する自己責任論が強い。実際、２０１８年に英エコノミスト誌と米カイザー・ファミリー財団が共同で実施した調査では、「孤独は自己責任である」と答えた日本人の割合は44％で、アメリカ人の23％、イギリス人の11％と比べても突出して高かった。前述のような状況で、孤独が個人の問題とされていては、この問題は永遠に解決されず、相談窓口のひっ迫を招いたり、人々の健康を悪化させて経済損失を招くことは、火を見るよりも明らかだった。そのため、孤独を個人の問題から、社会的課題へと広げる必要があったのだ。

そして、孤独が社会的課題として捉えられるための最短ルートを考えた。メディアに訴えかける、署名など草の根活動を行うなど、さまざまな方法があるが、最短ルートは「政策課題の対象」にするということだった。

## 「望まない孤独」を政策課題にするまでの道のり

「政策課題になった」という定義は複数あるだろう。国会の本会議や委員会などで議論されて議事録に残れば、政策として語られたということになるだろうし、総理や大臣、政府高官などが特定の課題について言及すれば政策課題とみなされるかもしれない。また、いわゆる「骨太の方針」と呼ばれる、政府の重要課題に対する方向性などを示す、経済財政運営と改革の基本方針に記載された課題は、誰もが政策課題と認めるものだ。

こうして複数の選択肢があるなか、筆者が選んだのは、「大臣ポスト」を設置するというものだった。これは最も難易度が高く、最も実現可能性も低い方法だ。しかし、「孤独対策」という言葉すら存在せず、かつて一度も社会的資源が投入されてこなかった個人の問題である孤独に、社会全体で取り組む体制をつくるには、ある種の「ウルトラC」が必要だったのだ。

また、この問題はあらゆる政策分野を横断する。厚生労働省や文部科学省はもちろんだが、一見すると関係なさそうな防衛省にも「自衛官の孤独」という問題がある。実際にイギリスやアメリカなどでは、軍人や退役軍人の孤独は深刻な問題とされている。日本でも、年間約60人の自衛官が自殺している。※16 またスポーツ庁も、スポーツの分野から孤独を軽減できる施策を持つし、環境省も所管の国立公園は孤独予防に大いに役立つだろう。

このように複数の政策分野・省庁を横断する政策的課題の場合は、これらを推進する旗振り役が不可欠だ。そのためには「大臣ポスト」、詳細にいえば内閣府特命担当大臣（孤独対策担当）が必要だった。

こうして、孤独を社会的課題へと広げていくための大臣ポストの設置を含め、具体的な提案をまとめていったわけだが、その過程にはイギリス政府や非営利団体関係者からの絶大な支援があった。「遠い日本で孤独を社会的課題に広げようとしているただの大学生」に対して、イギリス政府の孤独問題を担当する事務責任者や、イギリスで最も大きな非営利団体の一つである、「British Red Cross（英国赤十字）」の孤独問題担当責任者たちは、快く対話の機会を設けてくれた。彼女たちとの対話から得た成果は貴重だった。孤独は主観的な問題であるため、社会的課題にまで広げるプロセスでは客観化、すなわち、指標の開発と実態把握が必須であること。孤独と社会的孤立の違いを明確化するためにも、孤独という言葉の定義は重要である、などの貴重な助言をもらった。これらの助言や、孤独の定義や社会的孤立との違いなどのリサーチを重ねたうえで、提言書をまとめていった。

筆者の提言の中身を見ていきたい。

【総合的な孤独対策の実現に向けた提言】

1　国として孤独対策に取り組む意思の明確化

・孤独対策基本計画（全世代を対象とした孤独の問題に対する国家的戦略）の策定

・国会内に孤独対策調査会または孤独対策特別委員会の設置

・孤独対策を推進する担当大臣の設置

2　効果的な対策のため、孤独に関する調査研究を推進する

・孤独の定義を定め、全年齢層にわたる孤独の適切な指標を開発

・上記の定義、指標を用いて、孤独に関する全国調査を行い、エビデンスを蓄積

3　社会全体で孤独対策を実施する体制を整える

・学際的な観点から関係者が連携して孤独対策に取り組むためのエビデンスの提供及び民間団体を含め地域における孤独対策を支援する為の「孤独対策推進センター」設置

・地域における官民合同の孤独対策地域協議会の設置

4　孤独に対するスティグマの軽減と正しい理解の普及
・民間団体や報道機関等と連携し、孤独や個人の抱える悩みなどについて相談することができる特設ホームページの設置とキャンペーンの展開

5　すべての人が頼れる存在にアクセスできる体制を整える
・日本が先進国では唯一、若年層の死因の1位が自殺であることなどを踏まえて、チャット・SNS相談窓口への支援強化
・分散している相談窓口を3桁の全国共通ダイヤルに統合し、相談窓口の利用を推進
・テクノロジーを用いて社会的つながりの創出に貢献している企業・団体への支援強化
・高齢者がデジタル化から取り残され、デジタル・アイソレーションに陥らないよう、インターネットやICT機器の使い方等を相談できるデジタル民生委員の設置

まず一つ目の「国として孤独対策に取り組む意思の明確化」については、個人の問題から社会的課題へと広げていくうえで何よりも重要となる部分だ。「意思の明確化」の手法については、前述したとおり、骨太の方針や大臣ポストの設置など、さまざまだ。この提

言では、「大臣ポスト」の設置に絞ったが、それだけでは不十分だ。政策として実行していくためには、その裏付け、すなわち計画が重要となる。計画なくして、やみくもに政策を進めることはできない。仮に無理やり進めようとしても、それは実態やエビデンスに基づかない、誰のためにもならない政策となる。いずれにせよ、この提言では計画ということで、全世代を対象とした孤独の問題に対する国家的戦略を策定するよう求めた。

イギリスでもそうであったように、孤独問題は高齢者問題であるとの誤解を招きやすく、「誰もが陥る可能性がある」という孤独の本質的恐ろしさが軽視されぬよう、「全世代を対象とした」という文言を入れた。また行政だけではなく、政治の側でも議論を進めることが重要だ。この提言では「国会内に孤独対策調査会または孤独対策特別委員会の設置」という項目を入れた。理由は二つあった。

## 「望まない孤独」は数字で客観的に分析する必要がある

理由の一つは、議会制民主主義である日本において、民意を政策に反映させなければならないという側面もあるが、何よりも行政に緊張感を持ってもらうためだ。国会内に特定の政策分野に関する会議体が存在することで、政府は政策内容に関して常に国会の監視下に置かれるということを意識する。「孤独」は、これまでの霞が関の常識では、とうてい解決が困難な課題だ。そのため、霞が関だけで議論するのではなく、常に国会内の侃々諤々の議論のもとで政策を進めてほしかった。

二つ目は、議員の見識を高めてもらうという点だ。霞が関が「孤独」という新たな課題に対応できないのであれば、永田町でも同じだろう。孤独対策の実現に貢献すべく、常に若い人の意見にも耳を傾け、すぐには票に結びつかない（すぐどころかずっと結びつかないかもしれないが……）新たな政策にも果敢に挑む政治家は希少種だ。いや絶滅危惧種かもしれない。多くの議員はいまだに「孤独対策」とは何かということすらわかっていないだろう。実際、孤独対策が実現したあと、多くの与野党に設置された孤独対策を議論する会議に出席しているが、参加議員数はお世辞にも多いとはいえず、いつも固定メンバーが座っていた。野党のとある会合に至っては、二人しか出席しない会もあった。「孤独と孤立」の違いを含めて、少し勉強をしなければ議論ができない「孤独対策」という政策分野に関し、議員間の活発な議論を巻き起こすには、党内だけではなく、国会において議論の場を設置し、永田町全体にこの問題についての関心を高めたいという狙いがあった。

そして、国として孤独対策に取り組む意思の明確化として最後に挙げた項目が、「孤独対策を推進する担当大臣の設置」だ。筆者がこの項目を重視した理由は、前述したとおり、担当大臣の設置がこうした政策推進に不可欠という側面が大きいが、「おまけ」を狙ったという側面もある。「おまけ」とは、社会的関心を引くために重要な手法の一つである、メディアに報道してもらうということだ。

この提言書がニュースになった場合、メディアはどのように報道するかを考えた。多くのメディアは、「担当大臣の設置を要望」「担当大臣の設置を含めた孤独対策の実現を要望」と報道するはずだ。「孤独対策基本計画の策定」とか「エビデンスを重視した孤独対策の実現」とは報道しない。メディアに報道されるには、まさに「ウルトラC」とみなされるような、キャッチーな言葉が必要だったのだ。そして、そのメディア報道をきっかけに、世論が喚起され、孤独問題について社会的関心を呼び起こすことができればいいと考えたのだ。実際、この提言は孤独対策の実現についての初めての要望書であると同時に、担当大臣の設置を要望した提言書であるという認識を持っていただいている方も多数いる。

二つ目の提言に「効果的な対策のため、孤独に関する調査研究を推進する」を入れたのはEBPM（Evidence Based Policy Making,エビデンス（証拠）に基づく政策）を推進したかったからだ。日本における政策立案の問題点を一つ挙げるとすれば、それはエビデンスを軽視している点だろう。特に、取り組みの成果（以下「アウトカム」と呼ぶ）を軽視しているのだ。

特定の施策によって、どのような成果が生まれたのかという点を指標化して示すことは、社会的資源の有効活用という観点からも極めて重要である。もちろん、施策とアウトカムとの因果関係を明らかにすることは容易ではない。特に社会福祉分野においては、理念的な施策が数多く展開されてきた。民間企業ではもはや古くなっている印象すらある「KPI（重要業績評価指標）」などの指標を重視している支援現場はまだ少ない。さらに、「データ」や「指標」といった言葉を口にするだけで、そうしたものでは自分たちの取り組みは評価できないといった反論や、仮にデータがあっても、それを分析し取り組みに生かしたり、社会に発信することをためらうケースも多い。そのために、自殺対策を含めて多くの政策が効果検証すらできないかたちで作成されてきた。

例えば、自殺者数は2020年までの約10年間、子どもや若者を除いて減少しているが、「なぜ減少したのか」がわからないのだ。2006年の自殺対策基本法の成立以降、国を挙げて対策が取られてきたことは間違いないが、どの施策によって具体的に自殺者数の減少につながったのかは、誰もわからない。それは、そもそも効果が検証できるかたちで政策がつくられていないからだ。孤独対策においては、こうしたことの二の舞になるのだけは避けたかった。精神論や「国をあげて取り組む」ことで孤独を減らすということではなく、孤独対策の各施策とアウトカムとの因果関係を明らかにし、指標化することによって、健全で効果検証も可能な政策をつくることを目指していたのだ。そのためには、政策を作り上げていく初期から、エビデンスを重視するという考えと、それに基づいて効果検証を実施できる体制を構築する必要があった。

このために、まずはこれまで何度も触れているように、孤独という主観的で、日本においては孤立と混同されがちな概念について定義する必要がある。定義するとは、「孤独とは何か」を決めるということだ。政府が孤独の定義をするということは、自分たちが政策として取り組むものの正体を明らかにするという意味合いがある。自分たちが取り組むものが何であるかわからないままでは、政策目標も政策対象も決まらない。実にシンプルな話のつもりだった。だが、定義をすることも、実に困難を極めた。

定義しないまま、思いつきで施策を実行されてはたまらない。国民の血税による社会的資源を投入する以上、それを思いつきではなくエビデンスに基づいて効果的に使用するのは、政策推進者として必要最低限の「マナー」ではないだろうか。さらに、孤独の定義をしたのちに、「全年齢層にわたる孤独の適切な指標を開発」し、実態把握を行う必要があった。本書を執筆している時点では、日本に孤独を抱えている人が何人いるかすらわかっていない。高齢者の孤独に関する実態調査は、民間研究も含めて実施されてきたが、「全世代」にわたる調査はこれまで存在しなかった。

やらなくてはならないことは、国を挙げて孤独の実態調査を行い、誰もが孤独に陥る可能性がある以上、状態が深刻な人、すなわち孤独の持続期間が長い人は、何をきっかけに孤独に陥ったのかというトリガーを洗い出すことだ。そのトリガーは、出産・転校・転勤・離婚・死別などさまざまだと予測されるが、それぞれのトリガーをポピュレーション・アプローチを行ううえでの介入点とする。すなわち、その介入点に触れてきた人に、積極的に支援の糸を何本も垂らしていくのだ。これが「予防型孤独対策」であり、孤独対策の本質的価値といえる。また、実態調査によって孤独が特に深刻なグループ（年齢や職業群など）も明らかにしていく。これはすでに孤独が深刻化している人たちであり、孤独対策の本質的価値である「孤独を予防する」というよりも、より対症療法的に孤独を軽減していく必要がある人たちだ。私たちの相談窓口に来るような、自ら命を絶とうと思うほど苦しんでSOSを出している人もいれば、孤独で苦しみながらも「頼るのは恥だ」「助けを求めることは負けだ」などのスティグマによりSOSすら出せていない人もいるだろう。

また、忘れてならないのは、孤独・孤立の定義や調査によって得られたデータなどの関連リソースは、各省庁、地方公共団体、研究者、企業、民間団体等が自由に使用できるような仕組みを整えておく必要があるという点だ。こうしたEBPMによる孤独の客観化は、孤独を個人の問題から社会的問題へと広げてアプローチしていくための必須条件とも言える。

## 社会全体で孤独対策を実施する体制を整えるには

提言の三つ目は、「社会全体で孤独対策を実施する体制を整える」だ。これは自殺対策において常に重要視されてきた観点である。自殺対策においては、「自殺対策の総合的かつ効果的な実施に資するための調査研究及びその成果の活用等の推進に関する法律（令和元年法律第三十二号)」により、指定調査研究等法人の設置がうたわれ、2020年に一般社団法人いのち支える自殺対策推進センター(JSCP)が同法による指定調査研究等法人として発足した。JSCPは、前身の自殺総合対策推進センター時代から、地域における自殺対策を推進するためのエビデンスの蓄積と、民間団体への支援等を行なってきた。まさに同センターを中心として、行政・民間団体・学術機関らが相互連携できる仕組みを築きあげてきたといえる。

これは、行政や民間団体がそれぞれ単独では実践することのできない、自殺対策や孤独対策といった政策を推進するうえでは極めて理想的な組織だ。さらにエビデンスに基づいた政策を実施していくためには、エビデンスの蓄積と解析、そしてそれらのエビデンスの提供を行う「組織」、すなわち体制が不可欠なのだが、JSCPの仕組みは、まさにそれを補完して余りある。そのため、本提言においては、JSCPをモデルとしつつも、本提言の2項目「効果的な対策のため、孤独に関する調査研究を推進する」に基づき、政策の効果検証まで実施する組織として「孤独対策推進センター」の設置を提言した。

加えて、各地域において官民が合同で孤独対策を推進していくための「孤独対策地域協議会」の設置も必要だと考えた。当然、設置の根拠となる法律の制定が前提だが、孤独というテーマが保健・教育・医療・経済・福祉・司法など多岐にわたる以上、地域内で関係者が連携して問題を扱う必要がある。テーマが多岐にわたるということは当然、制度と制度の狭間にこぼれ落ちたり、関係機関間での連携がうまくいかず適切な支援に結びつかなかったり、「予防型孤独対策」においても多機関連携を基本とする効果的な施策の策定が困難となる可能性がある。これらの解決のため、地域協議会や連絡協議会のような会議体を設置することが重要となるのだ。

もちろん、これらの連絡協議会をただ設置するだけで具体的な中身についてまったく議論しなかったり、対策が進まない、形ばかりの会議体になってはいけない。自殺対策においても自殺対策基本法や自殺総合対策大綱に基づいて自殺対策基本計画等を策定している。まさに地域全体で自殺対策に取り組む意思を明確化するためにも重要な計画だ。しかし、改定や見直しの都度、前の計画を上塗りしているだけのようなものも散見される。これは必ずしも自治体が悪いわけではなく、いわゆる「お上」から下りてくるさまざまな課題や計画の見直しに、ただでさえひっ迫している現場では、地域の実情に即した機動的な計画を立てづらいのだろう。こうした押しつけにならぬよう、ただ会議体をつくろうということではなく、その目的を明確にし、理解・賛同を得られた自治体から設置すればいい。またその自治体を「モデル地域」として、孤独対策地域協議会を中心とした先進的な孤独対策の取り組みを実践し、ほかの自治体のロールモデルをつくることができれば、社会全体に対して、地域における孤独対策の在り方を提示できる。

こうした孤独対策推進センターや孤独対策地域協議会といった組織・会議体の設置は、「社会全体」で孤独対策に取り組む体制をつくることであり、孤独を個人の問題から社会問題へと広げるうえで、極めて重要な施策となる。本書執筆時点で、本提言の5項目のうち、ただの一つも実現していないのがこの項目だ。

もちろん、孤独問題を担当する大臣ポストが設置され、国を挙げてこの問題に取り組む体制は整いつつあるが、現在の対策は国を中心としたものだ。政策の目的と政策対象の明確化、予算措置など、政策として必要最低限の条件を整備したのち、国ではなく地方公共団体及びそれぞれの地域で活動する民間団体へと、政策の実施主体をシフトしていく必要がある。そのためには、地域における孤独対策の実施体制の整備が必須であり、5年後、10年後の孤独対策の在り方を見据えたとき、いまから検討を始めていく必要があるだろう。

## 「弱みを見せてはいけない」という
## スティグマ＝呪いを国家レベルで解消していく

提言の四つ目は、「孤独に対するスティグマの軽減と正しい理解の普及」である。スティグマとは、日本語に訳すと多様な意味合いを持つ。一般的には「負の烙印」や「汚名」「不名誉」などといった意味だが、「差別」や「偏見」と訳される場合もある。孤独や自殺といった問題にまつわるスティグマは、「頼ることは負け」「誰かに頼っているのを見られるのが恥ずかしい」といった感情を喚起させる。このスティグマによって、いくら支援制度を拡充し、民間団体を支援して頼れる人のパイを増やしたとしても、真に支援を必要としている人に届かないといった状況が起きてしまう。

先にもご紹介したように、1995年に全国でたった154か所しかなかったスクールカウンセラーの配置は、2020年には3万か所を超え、25年で約200倍も増加したが、この間、子どもの自殺者数は約3・6倍に増えている。このケースは、子どもたちが抱える「スクールカウンセラーと話していることを友達や先生に見られるのが恥ずかしい」「誰かに頼るのは弱いこと」といったスティグマの存在に気づかず、これを放置している間に、莫大な社会的資源を消費して「使われない」支援制度だけを拡充してきた結果だ。一貫して子どもや若者の自殺が増え続けているなかで、何ら有効な支援策を示せずにいた人たちの一部が、いまさらのように「ＳＯＳの出し方教育」などと言っているが、子どもが誰かに頼る行為を「ＳＯＳ」と定義している時点で、「誰かに頼ることは恥ずかしいこと」などの内向きなベクトルのスティグマを強化する可能性があるし、そもそも誰かに頼ることのハードルを上げている。

ＳＯＳとは、かつて船舶を中心として使われていた、モールス符号を用いた遭難信号だ。本来は誰かに頼りたいと思うことは「ＳＯＳ」などではなく、人間として当たり前の「本能」である。すなわち、人に頼るというのは、船舶が遭難状態に陥ったときに発する「ＳＯＳ」ではなく、もっとカジュアルなものだ。ＳＯＳと呼んでしまうと、誰かに頼らなければ解決できない状況に至るまではひとりで耐えなければならないという誤解が生まれる可能性がある。そうではなく、どんな気軽なことでも誰かに頼ることは、悪いことでも、負けでもないということを広めていかなくてはいけないのだ。

言葉尻を捉えて批判するなと言われるかもしれないが、その「言葉」によってスティグマは強化される。生まれたばかりの頃からスティグマを抱えている人などいない。家庭や学校などで浴びせられる「男は泣くな」「女の子らしく落ち着きなさい」など、無意識に投げかけられたであろう「言葉」によって、スティグマは形成されていく。たかが「言葉」かもしれないが、その「言葉」の使い方を変えていかなくては、スティグマを消し去ることはできない。これまでずっと困難を抱える人に向き合ってきた人たちでさえ、正しく「スティグマ」というものを理解していないのではないだろうか。まずはスティグマについての正しい理解を広めていく必要がある。

また、スティグマの正しい理解を広めることには、スティグマの発生を予防する効果がある。具体策としては教育になるだろう。あらゆる社会問題の解決策を論じる際に行き着くのが教育だ。だが、教職員のいわゆるブラックな労働環境により、教育現場は疲弊している。社会問題の教育的アプローチについて論じる際、教育現場の負担軽減は必ず同時に語らねばならない。そのため、将来的なスティグマの発生を予防するための教育的アプローチにおいても、いかに教育現場に負担をかけずに実践するかという点に特に気を配る必要がある。

## 教育的アプローチで社会問題を解決しようとするときに注意しなくてはならないこと

教育的アプローチを取る際に考えられるのは、学習指導要領で当該問題について触れるということだろう。イギリスでは、2020年より義務教育過程において孤独の問題について児童生徒に教えている。しかしこの方式を日本で採用すると、現場への負担が増えてしまうことは明白だ。

これからの日本社会では、少子高齢化や気候変動が加速化し、いままで想像もできなかったような問題が噴出するだろう。その都度、学習指導要領に書き込み、子どもたちに教えることが果たして現実的だろうか。これまで子どもに教えてこなかった問題とは、社会では可視化されていなかったものがほとんどだ。すなわち、教える教員側もその問題について理解がゆき届かない場合が多い。そうした教える側のアップデートは、さらなる教職員への負担を招いてしまう。

負の連鎖に陥っているようにも思えるが、教職員が教えずとも子どもに教える方法もある。特定の問題については必ず、その問題に精通したエキスパートがおり、現場で取り組む民間団体がある場合も多い。こうした地域のリソースを教育現場に取り込み、有効活用すればいい。さらに日本ではGIGAスクール構想に基づき、すべての小中学生が少なくともひとり1台のタブレットやPC端末を保有している。これは孤独対策が進んでいるイギリスにおいても実現できていない、日本のアドバンテージと言えるだろう。こうしたデジタル端末を活用し、教員への負担が少ないかたちでスティグマを軽減する授業を実施するのもアリだろう。

実際、徳島市と私たちNPO法人あなたのいばしょが協働で、徳島市立の小学校・中学校の児童生徒に対して「孤独を予防する教育プログラム」を実施し、スティグマの発生を最小限に食い止めるための取り組みを始めている。これはデジタル端末を最大限活用したワークショップ形式で行なっているし、子どもたちに対するレクチャー部分も、筆者は東京にいながら、子どもたちとZoomなどのウェブ会議ツールを用いて実施することもある。こうしたかたちで教育現場への負担を軽減しながら、スティグマを予防する教育を推進していくことは可能だ。

ただ、これはあくまで将来的にスティグマのない社会にしていく「予防」のためであり、すでに強固なスティグマを抱える人たちのスティグマを解消するのは容易ではない。日本では自殺者の約7割は男性だが、相談窓口を利用する人の多くは女性であり、私たちの窓口では相談者の約7割が女性である。この数字のギャップの背景には、社会の側が男性に求める「男＝大黒柱」「男＝強くあらねばならぬ」といった価値観の押しつけがあり、男性が周囲の人を頼れず、相談窓口も利用できない状況を生んでいるといえる。こうした凝り固まったスティグマを解消するためには、社会的に「意識改革」が必要だろう。

小泉内閣において環境省を中心に実施された「クールビズ」は、日本におけるビジネスパーソンの夏の景色を大きく変えた。こうした、国が主導しつつも民間企業や報道機関をも巻き込んだ大胆な意識改革を行い、実際の行動変容までつなぐことを検討する必要がある。具体的には、孤独や個人が抱える悩みについて相談することができる特設ホームページの設置とキャンペーンの展開などがあげられるだろう。イギリスでは「Let's Talk Loneliness Campaign」が展開されており、政府や「ロイヤルメール」などの民間企業が孤独について話すことを推奨する多様な取り組みを実施している。

一方、日本では行政が主導するキャンペーンでありがちなのは、ゆるキャラをつくったり、若い女性アイドルをポスターに起用するなど、効果検証すらできない施策である。これはある意味、国が主導して民間に押し付けるトップダウン型の広報キャンペーンでもある。重要なのは、こうしたトップダウンではなく、国・民間企業・報道機関が平等な関係性のもとで相互連携を図りながら実施できるキャンペーンの展開だ。まずは国が「孤独や自分の悩みについて明かすこと、誰かに頼ることは悪くない」といった明確な基本方針を打ち出したあとで、民間企業や報道機関を巻き込む官民連携プラットフォームを設立し、経団連や新公益連盟など経済団体の協力も仰ぎつつ民間企業の加盟を促してほしい。報道機関には、特に著名人の自殺報道の際、WHOの自殺報道ガイドラインで「メディアがやってはいけないこと」とされている「自殺の報道記事を目立つように配置しない」「自殺が発生した現場や場所の詳細を伝えない」などを守っていない事例が多く見られることから、「命を奪う力もある報道機関」という認識とともに、こうしたキャンペーンへの積極的な参画を社会的使命と位置づけてもらいたい。

しかし、こうした取り組みが成果を上げると、相談窓口の一時的な集中につながる。新型コロナウイルスが猛威を振るう前から、すぐにつながらないほどひっ迫している相談窓口にさらに相談が押し寄せると、応答率がより一層低下することは避けられない。そのため、相談窓口の拡充というのは必須である。次の項ではそのための具体策を提言する。

## すべての人が気軽に頼れる相談窓口を整える必要性

提言の五つ目は「すべての人が頼れる存在にアクセスできる体制を整える」だ。広報強化などによる一時的な相談の増加に対応するためには、ＳＮＳやチャット相談窓口を強化する必要がある。もちろん相談員を増やしたり、財政支援を拡充するという基礎中の基礎というべき強化策もある。しかし、それだけではもはや、増え続ける相談に対応できない。必要なのは、相談対応に特化したＡＩ（人工知能）の開発やチャットボットの活用だ。

現在、多くの窓口では相談の最初から最後まで、生身の人間である相談員が会話で行なっているが、私たち「あなたのいばしょチャット相談」では、相談の冒頭でチャットボットを導入している。相談者はボットの質問に答えるかたちで「いま悩んでいること」などを書き出していく。これにより、相談対応の一部自動化が実現できている。また、相談対応に特化したＡＩも研究開発していく必要がある。これは、すべての相談対応を人間からＡＩにということではなく、相談者に合わせた支援方法をリアルタイムで相談員に提示するなど、あくまで人間の相談員をＡＩが補助するかたちで実装していけばいい。相談員拡充ありきの支援策から、相談の効率化を実現し、「必ずつながる相談窓口」を実現する支援策にシフトチェンジしなくてはならないのだ。

さらに、電話相談窓口にも改善すべき点がある。筆者が最も深刻だと捉えている課題は、電話相談窓口の多さだ。厚生労働省の「電話相談」というページには、約10の電話相談窓口の番号が表示される。これはあくまで全国対応の相談窓口のみで、都道府県や市区町村独自の相談窓口も無数にある状態だ。

左の写真は、2022年、東京都が都内の児童生徒に配布した相談を促す周知案内だが、確認できるだけで13の電話番号が記載されている。驚くべきことに、右上の市区町村独自の電話番号を記載する欄を○○－○○と空欄テンプレートのまま配布した自治体もあった。通常の精神状態であれば、自分に合った窓口を探して電話をかけてみたり、市役所を訪れて相談してみるということが可能かもしれない。しかし、自ら命を絶ちたいと思うほど苦しんでいるときは視野狭窄に陥りがちで、そうした当たり前の選択肢すら選ぶ余裕のない人も多い。そうした人たちに、複数の電話相談用の番号を表示し、混乱させてしまうと、さらに支援が届きにくくなる。この東京都の案内については、普段電話を使わない子どもたちに複数の電話相談窓口の番号を周知しているため、正に論外である。

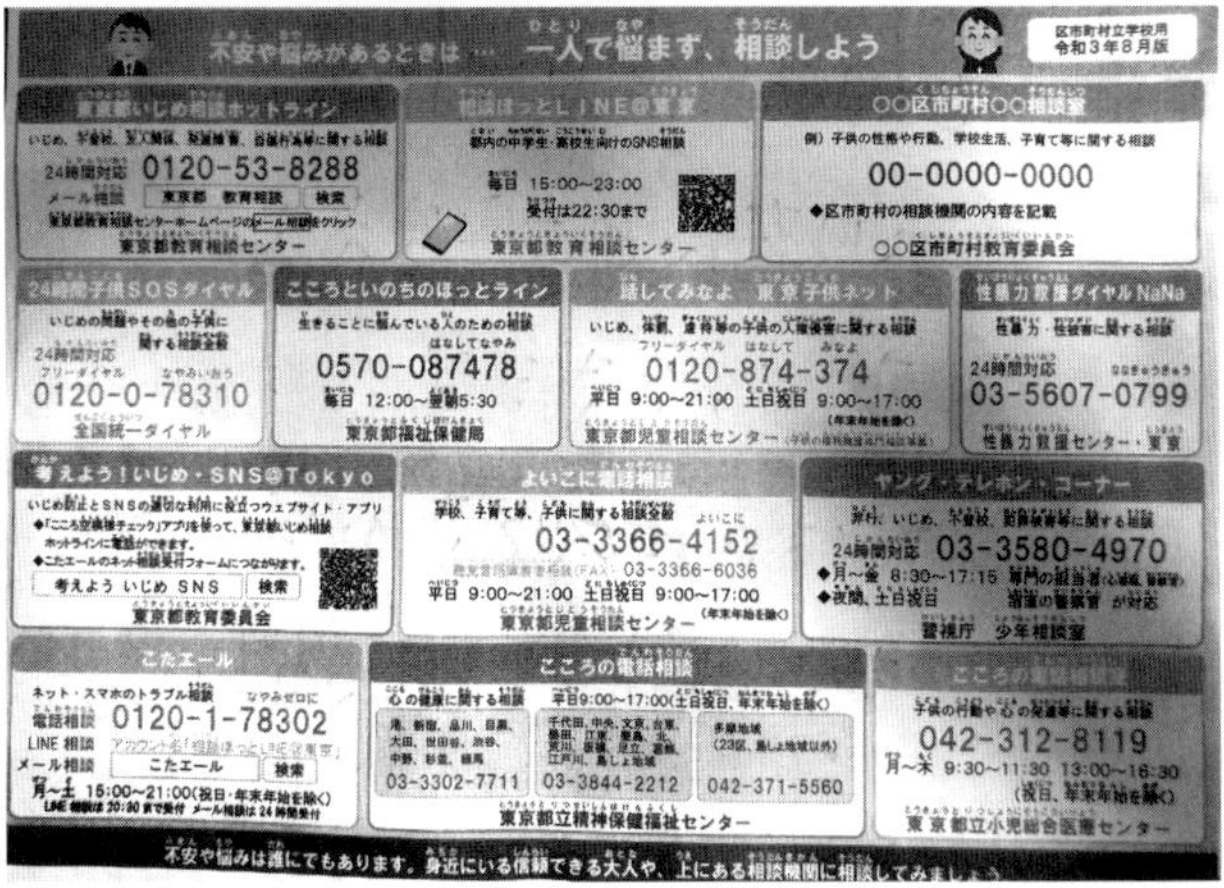

東京都が児童に配布した相談窓口の案内

こうした事態を解消するために、電話相談窓口の3桁の全国共通ダイヤル「783（なやみ）」の導入を提案した。虐待については、児童相談所虐待対応ダイヤル「189」が導入されている。虐待の可能性があると思ったときなどは、全国どこからでも「189」に電話すると、最寄りの児童相談所につながる仕組みになっていて、通告や相談が可能だ。当初、「189」は有料だったが、2019年12月からは無料化も始まった。このスキームを活用すれば、全国各地の行政や民間の電話相談窓口の番号を一つに統合できる。

これで自ら命を絶つほど苦しんでいる人が、無数の電話番号から、相談窓口を見つける必要がなくなる。さらに、多くの相談窓口は混み合っており、電話をかけてもすぐにはつながらない状況だが、時間帯によっては空きのある相談窓口もある。相談ダイヤルを統合することで、空いている窓口に相談者を振り分けていくことも可能なのだ。

こうした取り組みを実現するにあたり、障壁となるのは予算と各種相談窓口の説得だろう。予算については、詳細な試算を出すことは困難だが、全国共通ダイヤルの実現には当然、費用がかかる。ちなみに「189」実現の際には、平成26年度厚生労働省補正予算案に「児童相談所全国共通ダイヤルの3桁化」として6・2億円が計上されている。これ以外にも、各相談窓口に振り分けるためのオペレーターの人件費などさまざまな費用がかかる。ただ、数百億、数千億もかかるわけではない。少し古い数字だが、2010年に国立社会保障・人口問題研究所が発表した、日本国内の自殺とうつ病による経済損失は年間約2・7兆円にのぼる。複雑な電話相談窓口へのアプローチを整理し、支援につながりやすくするために多少の予算を投じることは、経済合理性にもかなっている。これは政治の「決め」の問題であり、ぜひ現実的な対応をとってほしい。

だが、相談窓口の統合のもう一つの障壁である、各種相談窓口の説得は極めて困難を極めるだろう。それぞれの相談窓口は現場における長い歴史とそれに基づく理念を持つ。例えば、知名度の高い「いのちの電話」は1971年より活動を始めている。子どもからの相談を受けつける「チャイルドライン」も1990年代から全国各地で草の根的に活動を広げてきた。ほかにも数えきれないほどの団体がある。

それぞれに自殺を予防するという共通目標はあるかもしれないが、活動理念はまったく異なる。話を聞きながら気持ちに寄り添う傾聴を中心とする窓口もあれば、現実的な危機介入まで行う窓口もある。そしてこれらの窓口の組織的な連携は、これまでほとんど取られてこなかった。役員同士の交流はあっても、相談データの共有まで行なっているケースはほとんどない。多くの相談者は逡巡し、複数の相談窓口を利用している場合もある。そうした際には、相談者の情報を窓口同士で連携して対応に当たることが重要になる。また行政や学校などとも情報を共有する多機関連携も必要だろう。しかし、そうした連携には及び腰の団体が多いのだ。相談窓口の存在意義の一つに、匿名で「秘密を守る」ということが挙げられるため、情報共有を含めた連携には抑制的になる必要もあるからだ。

そのため、すべての情報を共有するのではなく、相談者が望んだ場合や命の危険があるほど切迫していて、本人の同意が得られない場合などに限ればいいのでは、と筆者は考える。だが、こうした理屈を振りかざしていても、団体間の連携を促すことはできず、電話相談窓口の全国共通ダイヤルの実現など不可能だ。非営利セクターに身を投じていて感じるのは、理屈より情の世界ということだ。先にも述べたが、特に社会福祉分野においては、理念的な施策が数多く展開されてきた。信頼のある統計調査より、ひとりの当事者によるストーリーでさまざまな施策や支援が行われてきたのだ。そうしたなかで、全国共通ダイヤルを実現するためには、各相談窓口を廃止して統合するのではなく、それぞれの窓口、すなわち「部屋」は残しつつ、部屋ごとに設置されている無数の「ドア」をなくして、一つの「ドア」をつくるということを根気強く説得するしかない。「ドア」が多すぎて、真に支援を必要としている人が、どの「部屋」に入るか迷っている現状の問題点を各団体も認識しているはずだ。自殺予防という共通目標を実現するという点を強調しながら、各団体への説得を試みる必要がある。

「すべての人が頼れる存在にアクセスできる体制を整える」には、電話相談窓口など従来の取り組みのほかにも、テクノロジーを用いて社会的つながりの創出に貢献している企業・団体等への支援を強化する必要もある。孤独とは、社会的関係の質と量が現状レベルと願望レベルで乖離している状態で生じるものだが、社会的関係の質と量を埋め、社会的つながりの回復を支援することはテクノロジーを用いても可能だ。コロナ禍の初期には、社会的オンライン飲み会やオンライン帰省が一定の支持を得たが、これらは人流制限によって失われていた人とのつながりを多少なりとも食い止める効果があっただろう。また近年は、「分身ロボットカフェ」という、ＡＬＳなどの難病や重度障害で外出困難な人々が遠隔などで接客するカフェもある。こうした取り組みは外出困難な人々の雇用機会を創出するという効果もあるが、同時に外出困難な人の社会的つながりを維持・創設することにも成功している。

## 「望まない孤独」を定義することが孤独の解消につながる

ここで改めて整理しておきたいことは、現在の政策では、孤独が定義されていないことが問題であるということだ。孤独の定義は、「個人の社会的関係の質と量が、現状レベルと願望レベルで乖離している状態」であるといえる。すなわち、理論上では個人の社会的関係の質と量を願望レベルまで引き上げられれば、孤独は解消される。

社会的関係の質と量については、当然のことながら個人差がある。これまでの支援では、とにかく「つなぐ」ということに焦点が当てられていた。悩みを抱える子どもには、スクールカウンセラーやスクールソーシャルワーカーを「つなぐ」。精神疾患を抱えている人には、カウンセラーや医師へ「つなぐ」。当然、つながらなければ何も始まらないのだが、マッチング、すなわち相性についてはまったく考慮されてこなかった。

つながることで量は充足しても、質が不足したままなら孤独は解消されない。SNSが発達したことにより、現代社会は19～20世紀に比較すると明らかにコミュニケーション量は増えているだろう。コミュニケーション量というのは、ある種、人とのつながりの代理変数のようなものだ。コミュニケーションが増えれば、人とのつながりも強化されるはずなのだ。しかし、現代社会においては、人とのつながりが失われていると叫ばれ、孤独が深まっているとされている現実がある。量を重視したつながりでは、孤独を埋めるに至らないのだ。施策によりスクールカウンセラーの量を急増させているにもかかわらず、子どもの人口が減っているなかで、子どもの自殺が増え続けている状況も、まさに量を重視し、質を軽視したつながり政策が失敗した典型例だろう。結果、子どもたちの命が失われ続けているのだから、大問題だ。

ひきこもりの人の近所に支援拠点を複数設けたとしても、ひきこもりが解消されるわけではない。いきなり拠点に引っぱり出すのではなく、まずはオンラインなどでの対話を重ね、部屋の扉、次に廊下の扉、次に玄関の扉、最後に門というように、量ではなく個人に合わせて段階を重ねながらコミュニケーションの質を評価することが支援拠点の量よりも大切なのだ。そのためにテクノロジーを用いて、既存の枠組みにとらわれず、孤独に向き合っている取り組みを評価することが重要である。

これまで、提言書の中身、すなわち孤独対策の概略について解説してきた。しかし提言書というのは、つくること自体に意味はない。提言を出し、さらには実行されて、初めてそこに意義が生じるのだ。政策を立案するうえで最も重要となる要素は、「仲間をつくる」ということだろう。

筆者自身が、新型コロナウイルス感染拡大のもとで、大学の学費が下がらないことに対する署名活動を展開していた経験などから、孤独問題を政策課題の対象へと広げるには、志に共感し、強力に政策を進めてくれる国会議員の「仲間」が必要であることはよくわかっていた。まずは提言書を実現するために、共に動いてくれる仲間を見つける必要があったのだ。候補はあまりいなかった。というよりも、「若造の意見」と一蹴しないで、誰も知らない新たな政策でも本気で取り組んでくれる政治家は、与野党ともそう多くはいない。

だが、学費減額運動のとき、いち早く党幹部につなげてくれた自民党の鈴木貴子議員や、孤独問題に以前から関心を持っていた国民民主党の玉木雄一郎議員、伊藤孝恵議員、立憲民主党の蓮舫議員らに先の提言書を持っていった。反応は予想以上で、「すぐにやろう」と応じてくれた。与党の鈴木議員はすぐに加藤勝信内閣官房長官（当時）のところに私を連れて行き、孤独対策について説明する機会を設けてくれた。その翌日、日本の「孤独対策」にとって画期的な出来事があった。

官房長官は1日2回の記者会見を行い、内外に政府の姿勢を説明するスポークスパーソンとしての役割も担っている。その記者会見で、とある記者が前日の筆者らとの面談について質問してくれた。加藤官房長官は、「この問題についてはさらに議論を深めていくものと承知している」と発言した。これは日本政府が、公の場で孤独の問題について初めて言及した瞬間だった。そこからは怒濤の日々だった。鈴木議員は党内の若手に声をかけて、「孤独対策勉強会」を設立。さらに玉木議員をはじめとする与野党の議員が、本会議や予算委員会などで「孤独対策」について政府に対して相次いで質問した。まさに総力戦だった。政治の側だけではない。行政も各省庁で、若手からベテランまでこの問題について関心のある方々が話を聞いてくれ、さまざまな知恵を授けてくれた。じわじわと孤独対策の実現に向けた機運が高まっていた。

さらに2021年1月の衆院本会議、当時の菅義偉首相は「望まない孤独の問題が顕在化している」「この問題に取り組んでいく」と明言した。本書をここまで読み進めていただいた方ならおわかりになると思うが、「望まない孤独」とは、筆者が「孤独を愛せ」「孤独が人を強くする」といった誤解を生じぬよう、あえて使用している表現で、あなたのいばしょの理念にもなっている言葉だ。その言葉を、時の最高権力者が、国会の本会議という最も重要な場で使用し、さらに「この問題に取り組んでいく」とまで明言した。この発言によって、孤独対策実現への流れが固まったように思う。この間、政府の中ではさまざまな調整が行われていた。そして、1月の衆院本会議における菅首相の「孤独対策実現宣言」から約1か月後、本章の冒頭にあった筆者の電話へとつながる。孤独・孤立対策担当大臣の新設と、内閣官房に孤独・孤立対策担当室の設置が決まったのだ。政治的配慮により「孤立」という言葉が付け加えられているが、政府は概ね、筆者の提言書の中身を実行してくれている。

2018年、イギリスに設置された「孤独担当大臣」は、2021年秋に行われた、ジョンソン政権の内閣改造によって廃止された。孤独対策は継続されているものの、ポストの廃止は、イギリスにおける孤独対策が後退したことを意味する。これをもって、日本は世界で唯一、孤独の問題に対処する大臣ポストを設置し、国家レベルで孤独対策を行なっている国となった。その注目度は極めて高い。私のもとにも海外メディアからの取材は多く、またWHOなどの国際会議で日本の孤独対策について話をする機会も増えている。日本の動きを探りながら、自国でも孤独対策を実施できないかと模索している国もある。世界が今、日本の孤独対策に注目していると言ってもいい。これまで何かと、イギリスや北欧諸国と比較して、特に社会福祉分野では「後進国」などと揶揄されることも多かった日本だが、この孤独対策は各国にとってのロールモデルとなる可能性を秘めている。

主観的な「個人の問題」とされていた孤独は、政治の力によって、社会的課題へと広がった。このことは、孤独は個人がひとりで耐えるべき問題ではなく、社会的資源を割いて政治が取り組んでいくべきものだという意味でもある。これまで個人の問題とされてきたことにより、孤独の問題は放置されていた。その結果、人々の心を蝕み、社会と家庭の中に蔓延していった。

いまも、セーフティネットに寄せられる悲痛な声は日に日に増えている。もはやすべての相談に応対できる状況にはなく、セーフティネットは機能不全状態に陥っている。政治は当然、こうしたセーフティネットを立て直す、支援することに全力を挙げなければならない。しかし、繰り返しになるが、それだけではもはや間に合わない。他者が孤独を抱えている人に寄り添い、孤独が重症化しない社会をつくらなければならない。本書は、その認識が日本社会そして世界に広がる一助になることを願って執筆したものである。

# あとがき

本書を執筆しようと思ったきっかけは、「このままではセーフティネットが崩壊してしまう」という強烈な危機感を抱いたことだ。自ら命を絶ちたいと悩み苦しんでいる人が数多くいる。そうした人たちと向き合い、もう一度「生きたい」と思ってもらうために日夜力を尽くしているのが、相談窓口だろう。まさにセーフティネットといえる。

相談窓口の存在は、周囲に頼れる人がいない人にとって極めて重要だ。私は、地獄の底を這いつくばるような生活をしていたとき、偶然にも頼れる人と出会ったことによって生き延びることができた。しかし、その出会いは奇跡的であり、再現性はない。相談窓口の存在は、現代社会において偶然性の高い「頼れる人に出会う」という行為に、確実性をもたせるものだ。このセーフティネットたる相談窓口が崩壊した社会では、誰にも頼れずにひとりで悩み苦しみ、ひとりで自ら命を絶つ人が続出する。

しかしいま、そのセーフティネットは音も立てず、すなわち社会には気づかれずに、静かに崩れはじめている。2020年に大学生である私が立ち上げた相談窓口「あなたのいばしょチャット相談」は、設立から今日まで、2年も経たない間に24万件以上の相談が寄せられた。相談員はすべてリモート勤務で、相談が増える夜間は在外邦人に応じてもらうという新たなアプローチを試みても応答率は低下する一方だ。私たち以外の相談窓口も応答できる相談はごく一部となっている。スティグマなどによって、そもそも相談窓口にすらたどり着けていない人が莫大な数いる。もはやセーフティネットたる相談窓口は機能不全に陥り始めた。

私は、この状況をただ指をくわえて見ているわけにはいかなかった。問題の源流である「望まない孤独」に社会全体で取り組むことが唯一の解決策であると考え、孤独対策という政策を立案した。いまやらねば、100年後はおろか、10年後にはセーフティネットがない社会が到来するとの思いで、必死に永田町・霞が関を走り回った。

多くの人が、若輩者である私の政策を真摯に受け止め、孤独対策のために汗をかいてくれている。紙幅の都合上、全員のお名前はあげられないが、孤独対策を実現し、孤独を個人の問題から社会問題へと広げていただいた菅義偉氏、加藤勝信氏、玉木雄一郎氏、伊藤たかえ氏、生意気な私の意見も受け入れ、激務の中で孤独や自殺を防ごうとご尽力いただいている内閣官房孤独・孤立対策担当室、厚生労働省自殺対策推進室の皆様、大学の指導教授である小笠原和美先生をはじめとするすべての方に深く御礼を申し上げる。とりわけ、最初に提言を受け取り、孤独対策実現のために東奔西走され、今日までご指導を賜っている鈴木貴子氏には格段の感謝を申し上げる。日夜、望まない孤独をなくすという理念を実現するために尽力いただいている相談員と、菊地氏、根岸氏、高山氏、上原氏、井上氏をはじめとする事務局職員にも感謝したい。

また、出版の機会をいただいた扶桑社と、忍耐強く拙稿の完成を待ち、何から何まで助けていただいた担当編集の行安一真氏には心より感謝申し上げます。

最後に、私がいま生きているのは、藤井崇史先生のおかげです。面と向かって申し上げるのは恥ずかしいので、紙面を借りて申し上げます。出会ってくださりありがとうございました。今度は私が、誰かにとっての頼れる人となり、微力ながら、望まない孤独のない社会をつくろうと思います。

2022年2月

大空幸星

## 参考文献


※1 Perlman, D., & Peplau, L.A. (1981) Toward a social psycholo- gy of loneliness. In R. Gilmour & S.Duck (Eds.), Personal relationships : 3. Personal relationships in disorder. London : Academic Press.

※2 Townsend, P. (1968) Isolation, desolation, and loneliness, Shanas, E., Townsend, P. and Wedderburn, D., et al. eds. Old people in three industrial societies, Routledge & Kegan Paul, PP.258-87

※3 Eisenberger NI et al. (2003).Does Rejection Hurt? An FMRI Study of Social Exclusion, Science. 302 (5643), pp. 290-292.

※4 Holt-Lunstad, J., Smith, T. B., & Layton, J. B. (2010). Social relationships and mortality risk: A meta-analytic review. PLoS medicine, 7, e1000316.

※5 Holt-Lunstad, J., Smith, T. B., Baker, M., Harris, T., & Stephenson, D. (2015). Loneliness and social isolation as risk factors for mortality. A meta-analytic review. Perspectives on Psychological Science, 10, pp.227–237.

※6 Valtorta NK, Kanaan M, Gilbody S, et.al. (2016). Loneliness and social isolation as risk factors for coronary heart disease and stroke: systematic review and meta-analysis of longitudinal observational studies. Heart, 102(13), pp.1009-1016.

※7 Cacioppo JT et al. (2006). Loneliness within a Nomological Net: An Evolutionary Perspective, Journal of Research in Personality. 40, pp.1054-1085.

※8 長田恭子、長谷川雅美 (2013)「自殺企図前後のうつ病者の企図前・後における感情および状況の分析 ― ナラティヴ・アプローチによる語りから」日本精神保健看護学会誌、22(1), pp.1–11.

※9 Jo Cox Comission on Loneliness. (2018).「Combatting Loneliness -one conversation at a time-」.

※10 Age UK Oxfordshire. (2011).「Safeguarding the Convoy」

※11 Office for National Statistics. (2018).What characteristics and circumstances are associated with feeling lonely?

※12 文部科学省 (2009年)「教師が知っておきたい子どもの自殺予防」

※13 文部科学省「児童生徒本人が相談できる窓口一覧」https://www.mext.go.jp/content/20200527-mxt_jidou02-000007317_3.pdf (2021年12月1日閲覧)

※14 内閣府男女共同参画局 (2021年)「コロナ下の女性への影響と課題に関する研究会報告書~誰一人取り残さないポストコロナの社会へ~」

※15 Boo J, Matsubayashi T & Ueda M. (2019) Diurnal variation in suicide timing by age and gender: Evidence from Japan across 41 years. J Affect Disord, pp.366-374.

※16 防衛省「令和元年度自衛隊員の自殺者数の更新について」https://www.mod.go.jp/j/press/news/2020/10/30c.pdf (2021年1月20日閲覧)

大空 幸星（おおぞら・こうき）
24時間対応、無料チャット相談「あなたのいばしょ」代表。慶應義塾大学在学中に「あなたのいばしょ」を立ち上げ、約2年弱でDV、ネグレクト、過剰なストレスで悩む人など、老若男女問わず多くの人々から20万件以上のチャット相談を受ける。国会にも働きかけ、孤独担当大臣の創設や、孤独政策の方針作成にも尽力。

装丁・DTP／小田光美

扶桑社新書 425

望まない孤独

発行日 2022年 3 月 1 日　初版第1刷発行
2023年 12月10日　第2刷発行

著　　者………大空幸星
発 行 者………小池英彦
発 行 所………株式会社 扶桑社
〒105-8070
東京都港区芝浦1-1-1 浜松町ビルディング
電話 03-6368-8870（編集部）
03-6368-8891（郵便室）
www.fusosha.co.jp

印刷・製本………株式会社広済堂ネクスト


Printed in Japan　ISBN 978-4-594-09049-4